中等职业教育课改项目成果教材

"任务引领型"规划教材·饭店服务与管理系列

饭店文化概论

主编　陈乾康

中国人民大学出版社

“任务引领型”规划教材·饭店服务与管理系列
丛书编委会

出版说明

当前，我国中等职业教育发展形势好、速度快，但人才培养与社会发展、企业要求有一定差距，其中重要一点是教材开发滞后，课程与就业关联不够，学用不一致比较明显，学校的专业教学还没有完全结合企业的实际需要。因此，中国人民大学出版社组织有关专家与一线老师，着力解决目前中等职业教育教材中比较突出的问题，形成新的职业教育课程理念，按实际工作任务、工作过程和工作情境组织课程，形成以任务引领型课程为主体的、具有特色的中等职业教育教材。

本套饭店服务与管理专业教材以先进的研发理念为指导，以上海市中等职业教育专业教学标准改革项目成果为主要依据，以就业为导向，以能力为本位，以饭店岗位需要和饭店从业人员职业标准为依据，能够满足饭店专业学生职业生涯发展的需求。具体来讲有以下特色：

1. 任务引领。以工作任务引领知识、技能和态度，让学生在完成工作任务的过程中学习相关知识，发展学生的综合职业能力。

2. 结果驱动。把焦点放在通过完成工作任务所获得的成果，以激发学生的成就动机，通过完成工作任务来提升工作智慧。

3. 突出能力。课程定位与目标、课程内容与要求、教学过程与评价等都突出学生职业能力的培养，体现职业教育课程的本质特征。

4. 内容实用。围绕工作任务完成的需要来选择课程内容，不过分强调知识的系统性，而注重内容的实用性和针对性。

5. 做学一体。打破长期以来教学的理论与实践二元分离的局面，以工作任务为中心，实现理论与实践的一体化教学。

在本套教材的研发与编写过程中，首先要感谢上海市教委的诸多专家、领导，感谢他们对中职课程改革项目投入的大量人力、财力和时间，同时要感谢关注中等职业教育、参加本套教材研发与编写的各位老师，我们希望能够得到大家一如既往的支持。

中国人民大学出版社

2007 年 9 月

前　言

饭店业是中国旅游市场中国际化程度最高的行业之一，也是市场竞争最激烈的行业之一。当今旅游市场上，外资饭店、合资饭店、国资饭店和民资饭店济济一堂，高档酒店、中档酒店和经济性酒店相互竞争。为了在纷繁复杂的市场竞争中立足，价格策略、品牌策略、营销策略、质量策略被饭店管理者反复使用，而策略越透明，其作用也越有限。未来饭店市场的竞争将在什么领域展开？饭店企业如何才能在残酷竞争中再操胜券呢？企业文化无疑是应该重点关注的领域。

饭店文化建设是现代饭店管理的前沿阵地，也是国内饭店业普遍忽视的问题。它通过创建优秀的饭店企业文化，增强饭店的文化特色和内部凝聚力，达到提高饭店市场竞争力的目的。因此，它是最需要引起饭店管理者关注的问题。由于饭店文化建设不是可以一蹴而就的事，必须经过几代人辛勤努力，不断培育健康向上的企业文化，才能达到强势企业文化的境界，因而抓饭店文化建设宜早不宜迟，谁走在前面，谁就获得了主动权，就可能赢得先机。

本教材是关于饭店文化的概要介绍，内容包括饭店文化及饭店文化建设的基本理论，以及饭店文化鉴赏。本教材采用全新的编写体例，每章下设“学习任务”、“知识讲解”、“知识扩展”、“复习思考题”四个板块，并在“知识讲解”板块中根据知识点讲解的需要设有“小思考”、“小案例”、“小贴士”、“实践环节”等栏目，以求内容精当、形式活泼。

全书由陈乾康任主编，毛丽娅任副主编。编写分工如下：第一、二章由陈乾康编写；第三章由闫淑玲、杨小乐编写；第四章由陈乾康、张燕、陈琪瑶编写；第五章由毛丽娅编写。

由于相关的参考书籍较少，作者的水平有限，本书可能存在不少错漏，敬请读者批评指正。

本书曾先后得到四川省教育厅和四川省教育厅人文社科重点研究基地乐山师范学院四川旅游发展研究中心课题资助，谨致谢意！

陈乾康

2007 年 6 月

目 录

第一章 饭店文化

学习任务

饭店文化是在企业文化建设的大潮中产生的，它既是现代企业管理制度发展的必然结果，也是饭店企业参与市场竞争的大势所趋。认识饭店文化发生发展的历史，领悟饭店文化的内涵，认同并自觉融入饭店文化中，并创新饭店文化，是饭店服务和管理人员应尽的责任。

通过本章学习，你应该掌握饭店文化的含义、饭店文化的主要内涵和饭店文化的特性，领悟饭店文化建设的重要意义，自觉融入饭店文化中，成为合格的饭店员工。

知识讲解

第一节 饭店文化的含义

顾名思义，“饭店文化”就是饭店企业（含宾馆、饭店）的企业文化。要解释“饭店文化”，我们不能不先了解“文化”这个词的准确含义。

据考证，国内外关于“文化”的定义不下 200 种，总体来讲可以归纳为广义和狭义两大类。

广义的“文化”是指人类长时间生产和生活中不断创造和积累并不断发展的物质财富和精神财富的总和。它包括三个层面的内容：物质文化（包括物质产品）；制度文化（包括各种规范和约束）；精神文化（包括价值观念、情绪、理念和道德观念、政治法律制度和宗教哲学文化艺术等）。

狭义的“文化”仅指人类生产生活中所创造的精神财富，体现为各种制度文化、价值观念、思维模式、宗教哲学以及文学艺术等。

本书倾向于狭义的“文化”定义，认为“文化”是人们生产生活中所创造的精神财富的统称。在这种解释的基础上，我们认为，所谓“饭店文化”其实就是凝聚在饭店中的精神文化和制度文化的总和，它包括饭店物质文化、饭店制度文化和企业精神文化三个层面。

一、饭店物质文化

为什么将饭店外观建筑和装饰装修等物质内容纳入饭店文化的范畴呢？这是因为外观建筑和装饰装修既是住店客人审美的对象，也代表了饭店的文化品位，构成了饭店重要的文化元素。

饭店物质文化包括饭店的自然环境、建筑风格、绿化美化、局部装饰等内容，可以反映饭店的民族文化特色和饭店设计者、管理者的文化品位。一座好的饭店，应该是周边环境秀美、宁静；外观独特有魅力，有强烈的视觉震撼感；内饰精美，富有民族、地域、历史文化等特色；整个饭店的造型和内饰能给人以新颖别致、精细大气之感。身处这样的环境中，无论客人还是饭店员工，都能获得极大的心理愉悦，得到文化的享受。

实践环节

请组成小组分别考察当地的饭店，看一看哪个饭店的建筑装饰风格最有特色和魅力；也可以设计一些调查问卷，对住店客人进行随机调查，了解客人对饭店物质文化（包括周边环境及绿化、饭店建筑风格、饭店装饰特色、背景音乐等）的满意度，分析其受欢迎的原因，从而获得较多感性的认识，以加深对饭店物质文化的价值和地位的了解。

二、饭店制度文化

饭店制度文化体现饭店的组织形式和管理者的意志，包含饭店产权制度、饭店组织制度、饭店各部门各岗位的管理制度、饭店安全制度、饭店员工手册、饭店服务的程序和标准等内容。它是饭店正常运行的基础，也是饭店服务质量最基本的保证。

饭店制度的完整性和连续性，不仅能为饭店经营管理提供规范的标准，也有利于奠定饭店可持续发展的基础。自觉遵守饭店的管理制度，是每一位饭店员工应尽的责任，也是饭店员工合格的标尺。

小案例

王权是某中等职业院校旅游管理专业的学生，根据学校安排到一家四星级饭店实习客房服务员。客房工作又脏又累，王权极为反感，工作态度较马虎。有一天王权在做卫生时，客人拿出一套西服请他帮忙送洗。王权一边请客人登记，一边翻看西服口袋，确定没有客人私人物品后，便将西服送往洗衣房。次日洗衣房将衣服送回客房，客人检查后声称西服右袖有油渍，是洗衣中造成的污损，要求饭店赔偿。饭店怀疑油渍是客人送洗前的旧污渍，但由于王权在登记时未检查到此污渍，送洗单上无记录，饭店只好跟客人协商，最后以部分赔偿的方式了结此事。王权为此受到饭店的通报批评。

其实饭店对洗衣服务有严格的检查登记程序，王权因工作马虎，未严格按程序操作，导致不必要的损失。这个案例说明：饭店制度文化不是单纯的条款，而是长期经验的总结，只有严格遵守，才能保证服务的规范，减少不必要的纠纷。

三、饭店精神文化

这是饭店在长期生存与发展过程中形成的一种团体精神和群体意识，包括饭店的价值观念、思维方式、员工的文化心态和精神面貌。它是饭店文化的核心内容，也是饭店物质文化和制度文化的制约因素。它包括如下内容。

（一）饭店价值观

饭店价值观是饭店文化的基础，它反映的是饭店经营的目的、饭店追求的目标、饭店经营管理的指导思想等全局性、根本性的问题。饭店价值观不仅左右着饭店的经营理念，也是饭店评判是非的标准，决定着饭店的一切行为和活动。

作为饭店员工，不仅应该熟悉饭店的价值观，而且应该将自己的人生价值观与饭店价值观相契合，把实现饭店的价值观当作实现自己人生价值的终极体现，这样下去，饭店内部的凝聚力会大大增强，员工工作的积极性也会大大提高。

（二）饭店道德观

道德是社会公认的行为规范。做人有人的道德，经营企业同样必须遵守企业经营的道德规范。如果说饭店价值观是要解决“值不值得做”的问题，那么饭店道德观则是要回答“应不应该做”的问题。

饭店道德观同样有员工职业道德和饭店经营道德两个层面。员工职业道德要求饭店员工树立正确的职业观和服务意识，爱岗敬业；而饭店经营道德要求饭店诚实守信，恪守“宾客至上”的原则。人们常说：“只有诚信的企业，才能造就诚信的员工。”这说明二者是互相影响、互相促进的。

（三）饭店风气

这是饭店管理风气和员工服务风气的外在展示。饭店的管理是否民主，饭店管理者是否真正“以员工为本”，员工能否做到“以顾客为本”，在很大程度上体现了饭店文化建设的水平。一般来讲，饭店管理者对员工的态度必然影响员工工作的情绪，而员工的情绪又会直接传导给住店客人，带给客人不同的感受。所以，建设良好的店风，是饭店文化建设的重要环节。

小思考

为什么说现代饭店离不开文化型员工？

一家经营管理较好的饭店，往往有一支文化水平较高、彬彬有礼、训练有素的员工队伍，他们衣着得体，待人亲切诚恳，具有高超的服务技巧和高效率服务的意识，对客人的一个嘱托甚至一点暗示都会立即给予令其满意的回复。通过文化型员工，饭店提供给客人的是如家般的温馨和惬意。

饭店文化的三个层面是相互渗透、相互包容的。以价值观为核心的饭店精神文化决定着饭店制度文化的内涵，而饭店制度文化和物质文化又是饭店精神文化的外在表现，强化了饭店精神文化，三者的和谐统一对于饭店文化建设来讲无疑是一种最佳的状态。

第二节　饭店文化的特性

饭店文化是凝聚在饭店建设和经营管理中的企业文化，这种文化具有下述三大特性。

一、服务性

对客服务是饭店的基本职能，饭店文化建设无论目的还是途径，都离不开“服务”二字。

第一，饭店文化建设的目的，是满足住店客人的基本文化需求。由于饭店提供的产品是服务，因此饭店文化也必然顺应饭店的经营主旨，以满足客人基本的文化需求为前提。譬如，星级饭店气派别致的建筑和豪华典雅的装饰是住店客人永远带不走的，但其建设和维护成本却要分摊到饭店客房、餐饮之中，这便抬高了饭店产品的直观价格，可为什么客人仍络绎不绝呢？因为饭店文化在提升饭店档次的同时也提高了服务的水准，满足了高端客人求新、求奇、求美的文化需求和追求高档、体现人生价值的消费心理。

第二，饭店文化建设的核心是培育良好的市场形象，而良好的市场形象只有通过优质服务来体现。服务是饭店所提供的核心产品，饭店的一切经营和管理都是围绕着如何为住店客人提供服务这个主题展开的。在市场竞争几乎进入白热化的今天，饭店服务早已不是简单地提供方便的吃住，而是渗入了更多文化的内涵。可以说，客人在自己所能承受的价位内选择入住哪一家饭店时，他们往往最看重的还是饭店的声誉和品牌。而声誉和品牌的形成，无疑是饭店既往优质服务的结果，是饭店文化建设的结晶。

二、整体性

饭店文化的整体性首先体现为饭店文化内涵的协调统一。饭店文化包括物质文化、制度文化和精神文化三大领域，它们是相互协调、相互补充的关系，通过统一的文化主题构成完整的企业文化链。

譬如，饭店建筑和装饰的风格应契合，体现出饭店内外风格的和谐统一，原则上不宜出现中式建筑西式内饰、民族建筑非民族风格装修的矛盾；再如，饭店价值观念和饭店管理制度也应保持统一，管理制度应充分贯彻和体现饭店管理者经营管理的理念；饭店员工的服务水平也应与饭店管理制度保持统一，使饭店管理文化与服务文化形成有机的互动关系。

饭店文化的整体性还体现为饭店各个部门之间文化建设的一致性，既重视前台窗口部门，也重视非窗口的后勤工程等部门；既重视普通员工，也重视管理层。各部门上下齐心，实现文化建设的整体推进，使企业文化深入到饭店每一个部门、每一个岗位及每一位员工。

三、独特性

现代企业管理制度是没有国界的，但企业文化却存在着较强烈的个性化色彩。由于饭店的装潢布置及经营容易受地区、民族文化的影响，同时容易受最高决策集团或决策者个人的影响，而饭店管理者和员工个人容易受传统习俗和思维定式的影响，因此饭店文化往往会在价值观念、思维模式和工作作风方面烙上深深的个性化印迹，形成难以完全模仿的企业文化现象。

饭店文化的独特性提示我们，学习他人的企业文化一定要与自身企业文化相融合，学习的关键是其价值观念和思维模式，是创造有利于饭店文化生长发育的企业机制，而不是简单模仿别人的一些做法。饭店企业文化应该是多元的，文化只有个性，没有优劣。

知识扩展

企业价值观的四个层面

饭店价值观包括四个层面，即顾客价值、员工价值、社区价值和企业利润，它们的关系如图 1—1 所示。①

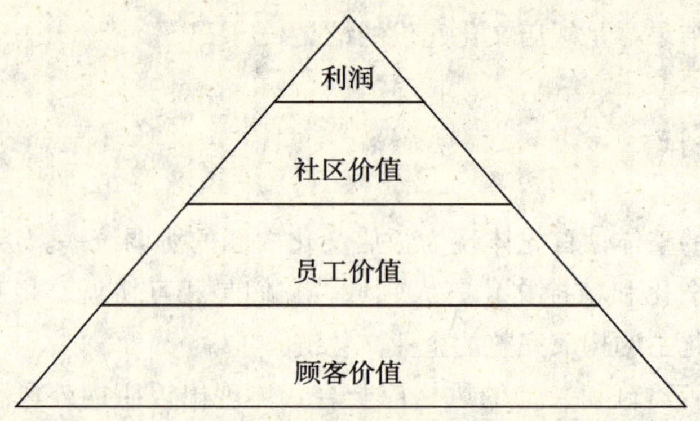

图 1—1　饭店价值观的四个层面

饭店首要的价值观是顾客的价值，或者说顾客的价值胜于一切，饭店只有满足客人的服务需求，实现客人的价值，才能在市场竞争中立足，获得经济利益。

员工是饭店价值的创造者，饭店的对客服务离不开员工，员工的素质决定着饭店服务质量，因此，员工价值的实现是饭店工作最好的原动力。饭店企业应将员工价值作为饭店价值的主体，大力倡导“员工服务客人，管理层服务员工”的价值观，通过对员工的人文关怀和员工价值的实现，达到员工与饭店共同发展的目的。

社区价值是饭店对周边居民的社会责任，如果饭店价值影响社区价值，甚至以牺牲社区价值为代价，那么饭店的发展必须受到社区的钳制。

饭店利润位于饭店价值观的顶端，是以上述所有价值为基础的。我们不否认饭店应以赢利为目的，但如果没有顾客、员工和社区价值的实现，单纯追求经济利润的饭店企业是不可能长久获利的。

---

① 林璧属、郭艺勋编著：《饭店企业文化塑造》，73 页，北京，旅游教育出版社，2007。

复习思考题

1. 人们常说："国内饭店硬件硬，软件软，设施设备一流，就是经营管理跟不上。"结合本章对饭店文化的介绍，分析国内饭店"软件软"的主要原因和表现。

2. 调研三四家不同星级的饭店，分析其在饭店文化方面的主要得失，尤其要留意这些饭店的管理层对于"饭店文化"概念的理解和重视的程度。

第二章　饭店文化建设

学习任务

饭店文化建设作为饭店经营管理的核心，既是饭店管理者重点关注的内容，也是饭店员工必须身体力行的职责。

通过本章学习，你将进一步认识饭店文化，成为自觉融入饭店文化，积极参与建设饭店文化，与饭店同荣共耻、同甘共苦的优秀员工。

知识讲解

第一节　饭店文化建设的意义

一、“文化”成为饭店业竞争的新平台

现代饭店产生于19世纪的欧洲。“饭店（hotel）”一词原为法语，本意是指法国贵族招待贵宾的乡村别墅，后来被沿用指称欧美相继兴建的大饭店。

现代饭店长期以来都以提供服务产品作为主营业务。在长期的经验式管理过程中，人们不自觉地发现了文化在吸引住店客人方面具有超乎寻常的魔力，各国饭店竞相以优美的环境、华丽的外观、特色的餐饮、精美的内饰，甚至在客房里悬挂高档的名人字画等方式，满足住店客人精神文化方面的需求，争取顾客的再次光顾。遗憾的是，人们只是隐约感受到了文化力的强大能量，并没有对其进行系统地归纳整理，没有给予足够的重视。

第二次世界大战以后，世界经济高速增长，旅游业获得了良好的发展机遇，但随之而来的是市场竞争的日趋激烈，人们开始寻找克敌制胜的“法宝”。这时，企业文化力被发现了，假日、雅高等欧美饭店集团先后投身于饭店文化建设之中。人们终于意识到，制度和规范对于饭店管理固然重要，但并不能收到令人满意的效果，而一个融建筑美、装饰美和文化美于一体的饭店，才是顾客

的最爱。于是，为了在竞争中立足，饭店业更加注重对顾客的人文关怀，更加注重顾客的文化体验。饭店文化塑造成为饭店业发展的方向，一座座富含民族文化特色的主题饭店拔地而起，一个个先进的饭店管理集团应运而生，饭店文化得到了空前张扬，以关注顾客和员工文化需求为宗旨的现代饭店管理理念深入人心，培育健康的企业文化成为了现代饭店市场竞争力的终极体现。

二、饭店文化建设在应对竞争上的现实意义

饭店文化被喻为“饭店生命的常青藤”，它为饭店企业注入了活力，是饭店经营管理的核心要素，可以强化饭店内部管理，稳定员工队伍，使饭店在纷繁复杂的市场竞争中取得良好的口碑和经营业绩。可以说，饭店经营成功与否，很大程度上取决于自身的文化建设水平。

（一）饭店文化建设有助于提高饭店的经营能力

饭店文化的核心是饭店经营哲学和饭店价值观念，它决定着饭店企业经营的目标和宗旨。饭店企业是注重眼前利益还是注重长远利益，是规范经营还是投机取巧，是合作竞争还是恶性竞争，这在很大程度上影响着饭店的口碑和市场形象。此外，饭店文化是否具有创新能力，是否具有与时俱进的精神，能否适应市场的多变性，都不仅关系到饭店经营的业绩，而且在某种程度上决定着饭店企业的生死存亡。

（二）饭店文化建设有助于提高饭店的管理水平

良好的饭店文化建设在促进饭店管理水平的提高方面发挥着下述三大作用。

1. 更加强调人性化管理

饭店文化赋予饭店管理更多的理性，使饭店管理更具人情味和人文关怀，可以改善饭店“半军事化”管理带来的“冷酷”感，激发员工工作积极性，加强员工的自律，增强饭店内部的凝聚力。

2. 更能激发员工工作的自觉性

引导员工参与制定各种规章制度，并进一步通过制度进行强制性、规范化管理，是饭店最基本的管理原则和必不可少的管理措施。由于饭店的规章制度是员工参与制定的，员工便能够意识到这种做法的原因以及违反规章制度所可能造成的影响和导致的后果，这样对于员工来讲，遵守饭店的规章制度便不再是被动的接受，而成为了主动的自觉行为。

3. 更能引导员工关注饭店发展

饭店文化通过正确引导，把饭店员工的注意力引导到饭店经营发展和服务管理目标上来，形成饭店发展让员工受益、员工共同关心饭店发展的良好氛围。

（三）饭店文化建设有助于增强饭店的凝聚力

饭店通过共同的价值观和员工认可的共同信念，尤其通过对员工的人文关怀和正确的激励，形成管理层处处为员工服务、员工精心为顾客服务的管理机制，上下同心协力，产生强大的凝聚力；浓厚的饭店文化氛围可以形成积极进取的饭店精神，让员工通过学习或潜移默化，自觉或不自觉地融入饭店文化中，树立起饭店文化的正气。

总之，只要饭店重视文化建设，以人为本，重视对管理者和服务人员进行饭店文化的教育，重视饭店价值观念的灌输，就能在很大程度上促进饭店经营和管理工作的进一步发展。

第二节　饭店文化建设的途径

饭店文化建设的途径由饭店文化的内涵所决定。由于饭店文化包含物质文化、制度文化和精神文化三个层面，因此也决定了饭店文化建设必须通过物质文化建设、制度文化建设和精神文化建设三个层面来实现。但需要注意的是，饭店文化的三个层面是一个有机统一的文化主体，互相包容、互相补充、互相彰显，共同形成饭店深刻的文化内涵。

一、饭店物质文化建设

饭店物质文化主要是指饭店的建筑装饰文化，即饭店通过建筑造型、功能布局、设计装饰、环境烘托、灯饰小品和装饰挂件等物态元素所表现出的文化主题和艺术气息。建筑装饰文化是饭店物质文化主要的表现方式，可使住店客人感受到饭店的历史传统、文化背景、民族思想和人文风貌，获得精神上和文化上的满足。

在饭店的所有经营特色中，饭店建筑所体现的文化特征是最具魅力与持久力的，它在某种程度上反映出饭店的经营理念与管理水平，体现饭店的档次与服务意识，是饭店文化不可或缺的内容之一。

饭店建筑装饰文化建设应从以下方面入手。

（一）体现个性化设计

饭店的主要功能是为客人提供舒适、便捷、周到的服务。成功的饭店设计已经不仅仅是宾客所能见到的建筑本身。每一位客人来到饭店之前，心里都会对饭店怀有一种潜在的期待，渴望这个饭店给他留下深刻印象，最好有点惊喜，以使这一次经历成为他生活的一部分。要满足客人的期待，就要创造别具一格的环境，要在每一个细节上都迎合客人的心理需求，使客人从步入饭店大门时便感到一种温暖、新奇、舒适和备受欢迎的氛围。主题饭店就是以让客人的潜在期待获得最大满足为目的的。美国拉斯维加斯的米高梅酒店是一家以好莱坞为主题的饭店，每年都会吸引数以万计的游客。目前我国比较著名的主题饭店有青城山的鹤翔山庄、京津新城凯悦温泉大酒店等，其建筑装饰都极具个性。

（二）体现地域特色

饭店文化作为一个国家或一个城市文化的延伸，首先要与所在国家以及所在城市的文化融为一体。饭店的地域特色可以通过不同的形式来表现，如艺术品的陈设、雕塑的摆放、不同家具和地毯的采用等。例如位于云南丽江的丽江香巴拉温泉酒店，着力挖掘丽江束河古镇令人沉迷的纳西民居特色以及纳西的东巴文化、水文化和农耕文化，以当地最具特色的人文情怀、自然景观为基础，并进一步在饭店设计中加以提高升华，使之成为国内最迷人的五星级饭店之一。

（三）体现审美价值

饭店的建筑一定要体现其文化审美价值，突出自己的特色，不能千篇一律地搞“火柴盒建筑”，也不能一味追求西洋式建筑。例如，北京东方君悦大酒店在整体形象设计上，巧妙运用传统四合院正方格局的概念，完美地再现了东方古韵，显得瑰丽典雅，新月形的建筑结构将皇室的凝重与水流的飘逸相结合并达到动感的平衡。

（四）体现文化品位

随着社会文明的进步，作为高档饭店特征之一的豪华拥有了更深层的含义和更高的品位。高品位的关键在于和谐之美。休闲的环境、简洁的设计、漂亮的工艺品、柔和的织物、良好的阅读照明和现代化的通信设施的和谐统一，必然提升饭店的文化品位，并形成客人对饭店的忠诚度，从而使饭店产品产生较高的文化附加值。例如，位于德国柏林的雷迪森 SAS（Radison SAS）饭店就在设计上极具品位，它在大堂中设有世界饭店中独一无二的巨型水族塔（高达 25 米，容积达 100 万公升，是全球最大的圆筒形直立水族箱），宾客站立其下，抬头不见尽处，如同将海底世界搬上了陆地。更为巧妙的是，设计师将饭店四分之一的房间都设计成正对着水族塔，住客足不出户便可尽情感受冰凉的海洋气息，这充分地反映出雷迪森 SAS 饭店作为国际大饭店所具有的独特文化品位。

二、饭店制度文化建设

饭店制度包括饭店的店规店纪、岗位职责、服务规程和员工行为规范。饭店制度文化既是饭店文化的重要部分，也是饭店精神的集中体现。饭店制度文化建设应注意下述方面。

（一）饭店制度文化是饭店文化建设的基础

饭店制度作为处理饭店内外关系的行为准则，受制于饭店价值观念和饭店精神，服务于饭店的经营目标。它把抽象的饭店经营管理哲学具体化和形象化，变为看得见、行得通的服务规则和规范，通过制度文本规范员工的言行，使饭店精神活化在每一个饭店员工身上，使饭店文化在饭店每一个岗位都能得到充分的展示。

饭店管理制度是饭店文化的载体，饭店文化建设应当从饭店管理制度入手，将饭店文化制度化可以达到事半功倍的效果。

（二）饭店星级评定标准是饭店制度文化的基础

饭店星级评定标准是对中外饭店业规范化、标准化管理的经验总结，是目前我国饭店业评星升级必须恪守的基本标准。

饭店星级评定标准是饭店制度建设的基础。饭店企业必须将自身价值观念、企业精神与国家颁布的星级标准有机结合，将星级标准融入饭店制度中，才能保证饭店服务的质量达到饭店星级标准要求，满足住店客人基本的服务需求。

当然，星级标准只是对相应星级的饭店最起码的要求，优秀的饭店绝不会停步于星级标准，必然会超越标准，提供更加个性化、超常化的服务，从而获得更好的市场口碑。需要强调的是，超越标准不是脱离标准、抛弃标准，而是对标准宗旨的细化，是在标准之上提供更具针对性的个性化服务。

（三）饭店制度文化建设必须全员参与

饭店制度文化建设不单是饭店管理层或者饭店精英的事。由于饭店制度建设的过程本身就是饭店文化建设的过程，因此，饭店制度建设必须得到广大员工的理解、支持和积极参与，上下同心，形成合力，才能收到良好的效果。

全员参与饭店制度文化建设有下述益处：

第一，饭店可以通过制度建设宣传饭店的企业文化，将饭店经营理念、价值观念、企业愿景灌输给广大员工，得到全体员工的理解并体现于员工所提供的服务行为之中。这样，饭店制度建设活动转变为饭店文化创建、普及、宣传活动，将大大强化饭店员工的文化意识，提升饭店文化的品位。

第二，饭店在制定制度时积极引导一线员工参与，不仅可以增强制度的可操作性，克服华而不实的弊端，更重要的是，通过集思广益和员工的群策群力，可以让员工对管理制度既知其然，也知其所以然，增强执行制度的自觉性，从“要我遵守制度”变为“我要遵守制度”，使饭店管理制度能够真正落到实处。

另外，饭店制度文化建设还需注意，饭店制度的制定必须以饭店物质资料和员工整体素质作为前提，必须与饭店物质资料和员工整体素质相适应。譬如，一些经济性饭店不设洗衣房，就可能难以提供快捷的洗衣服务；一些饭店停车位严重不足，就不可能满足客人对良好停车环境的需要；一些饭店员工英语水平不高，即使制定了双语服务的制度，也可能难以有效执行，使制度形同虚设。

三、饭店精神文化建设

（一）饭店价值观

饭店价值观是饭店管理层的核心理念，是饭店文化的出发点。饭店价值观必须得到饭店大多数人认可，成为饭店判断事物的共同标准，进而决定饭店员工的价值取舍和行为方式。饭店价值观有两个层面，首先是主导价值观，又称核心价值观，通常表现为饭店经营的目的、手段等核心内容；其次是由主导价值观决定的饭店经营价值观。

1. 饭店主导价值观

饭店的主导价值观即饭店经营管理的根本目的。一般饭店多以单纯地追求经济利润为终极目的，也有的饭店以实现员工自身价值为目的，还有的饭店以社会责任和社会互利为前提，把社会利益放在企业利益之上。我们主张饭店采用最后一种价值观，把社会责任放在第一位，追求企业长远的利益。

小贴士

建设绿色饭店是饭店应尽的社会责任

当一家企业注重社会价值观，就会以服务社会为己任，承担起相应的社会责任，主动参与社会公益活动，自觉约束自己的企业行为，充分尊重员工的权益，尽力满足住店客人的要求。

譬如，饭店污染是近年来被逐渐关注的话题，这种污染包括环境污染、噪声污染等多个方面。一家负责任的饭店企业，会主动采用降能降噪、减少污染的设施设备，主动建设绿色饭店。也许这会增加饭店固定资产的投入，降低利润率，但饭店价值观决定了饭店的社会责任是第一要务，饭店就会乐意承受这暂时的损失。

小案例

成都伊藤洋华堂是著名的日资企业，进驻成都后取得了不俗的业绩。其实伊藤洋华堂出售的商品并不便宜，但产品款式新颖，摆放整齐，店堂宽敞明亮，环境雅致，加上员工服饰整洁、热情礼貌，并设置了大量方便顾客的设施，使它成为当地市民最喜欢逛的商业场所之一。

“销售重要，感动更重要”是伊藤洋华堂总经理三枝富博的口头禅，也是三枝的经营理念。“如果只考虑业绩和利润，其他商场都可以完成，并同样可以做得很好。而伊藤洋华堂更想做的是从内心关注市民的需求，这种需求不仅仅是物质上的。”于是，伊藤洋华堂不遗余力地参与当地的环保活动，定期资助贫困大学生，大量采用可降解的环保购物袋，等等。尽管商场因此增加了大量额外的开支，但也让伊藤洋华堂在市民心目中留下了良好的形象。

一位坐在伊藤洋华堂商场的休息区木椅上等待妻子购物的中年男子，一边喝着商场免费提供的矿泉水，一边翻看书报。他提到：“虽然水不值多少钱，但伊藤洋华堂想到了、做到了。开商场肯定是想赢利的，但伊藤洋华堂却是通过提供顾客满意的购物环境和服务来实现赢利的目的，所以大家都乐意到伊藤洋华堂来消费。”

企业追求赢利无可厚非，但只有真正为客人着想，敢于承担企业的社会责任，能够把社会价值放在企业价值之上，这样的企业才能够真正感动顾客，才能真正获得社会崇高的评价。这应该就是伊藤洋华堂广受欢迎的原因吧。

2. 饭店经营价值观

饭店经营价值观指饭店经营过程中遵循的是非标准，包括饭店的质量观、人才观、竞争观和创新观等经营层面的问题。

质量观是饭店对待服务质量的基本态度。尽管每一家饭店都表示重视服务质量，但实际上对于饭店服务流程的设计和服务过程的监管，各家饭店重视程度迥异，其社会评价也不尽相同。

人才观是饭店员工管理的出发点。饭店是否重视员工价值，是否尊重员工权益，能否为员工实现人身价值创造机遇，是否善于激励员工的工作积极性，这在很大程度上影响着员工的工作态度和对饭店的亲近感，最终影响到饭店经营团队的凝聚力和战斗力。

小案例

丽思卡尔顿以20张床位起家，现已成为世界顶级饭店。饭店在招聘员工时，不是先告知他们饭店的制度和纪律，而是问他们对酒店有什么期望，本人有什么才能；在工作有成绩时，还提醒他们自己总结经验，说说为什么会做得这么好。饭店致力于为员工创造一个尊重个人价值观、实现个人抱负的工作环境，对员工信任、尊重和团结，尽力发挥员工的才干。

丽思卡尔顿的总经理表示："我的工作是保证每一个员工心情愉快。丽思卡尔顿从来不惩罚员工，也没有必要惩罚员工。我们是以企业价值观和服务理念作为凝聚员工的纽带。如果双方价值观不合，员工可以辞职，酒店也可以辞退员工，完全没有必要争执。若双方理念一致，但工作出差错，则让员工自己反思找原因及改进办法，没必要训斥员工。要知道，酒店基层员工自身能控制的错误在15%之内，而85%的错误在管理系统，从管理上找服务差错的原因是不变的金科玉律。"①

尊重员工的价值观应该是丽思卡尔顿饭店成为世界顶级饭店的重要原因。

竞争观是饭店参与市场竞争不可回避的话题。饭店应该树立品牌竞争、服务质量竞争、管理水平竞争和营销能力竞争的理念，少用或慎用价格竞争。虽说价格竞争也是饭店市场竞争中重要的"法宝"，但是价格竞争应有严格的底线，尤其不能低于饭店运营的成本和必要的利润率，否则就只能以牺牲服务质量、加剧固定资产损耗、牺牲企业利益和员工利益为代价，结果不仅会搅乱饭店市场秩序，还会给自身经营带来巨大的困难，可以说是得不偿失。

创新观是指饭店产品和服务的创新理念。饭店企业是否鼓励创新、是否建立适宜创新的管理机制，决定着饭店产品和服务的创新水平。饭店客房部、餐饮部、商务部、娱乐部等对客服务部门，应该适应市场的变化，不断推出新产品，满足客人求新求奇的心理需要。同时，为配合饭店改造，管理部门应不断进行服务创新，尤其是对服务流程进行再造，提高服务和管理的效率与水平。

（二）饭店精神

饭店精神是指饭店企业的精神状态，这是企业价值观念、管理水平和员工素质的外在表现，是住店客人能够直接感受到的饭店氛围。饭店精神集中体现为饭店员工的服务意识、效率意识、补位意识、诚信意识和团队意识。

1. 服务意识

员工应该树立主动服务的意识，宾客至上，礼貌待客，处处为客人着想；服务中应该着装整洁，体态优雅，体现出良好的文化修养，以示自身的教养和对客人的尊重。

2. 效率意识

效率意识体现为饭店管理和服务的高效率。饭店设计管理流程和服务流程

① 王大悟著：《21世纪饭店发展趋势》，195页，北京，华夏出版社，1999。

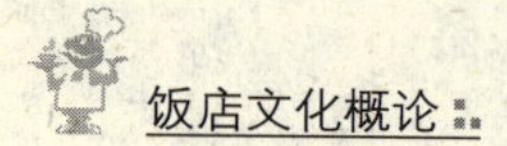

时，应该注重效率，尽可能减少或缩短中间环节。对于员工而言，仅有服务意识是远远不够的，热情服务只有与高效率服务相结合，才能最终提高住店客人的满意度。

3. 补位意识

补位意识要求饭店每一位员工除做好本职工作外，还应该顾全大局，及时为饭店其他岗位的缺失和缺陷补位，以预防质量事故的发生或者尽可能将质量事故的影响降到最低程度。补位意识是饭店团队意识的体现，反映着饭店员工良好的精神状态。

4. 诚信意识

饭店的诚信意识体现的是饭店的社会责任感，表现为饭店的诚信经营行为，是饭店精神的重要内容。诚信的饭店必然向员工灌输诚信意识，形成诚信经营的氛围。

5. 团队意识

团队意识是饭店凝聚力的主要来源，实质上是饭店价值观、饭店人力资源管理水平的综合体现，反映出员工对饭店是否认同、员工关系是否和谐等关键问题。团队意识强的饭店不仅员工关系融洽、凝聚力强，而且能够向客人传递饭店团结进取、朝气蓬勃的积极信息，从而获得良好的市场口碑。

第三节　饭店文化建设的方法

饭店文化不是一朝一夕产生的，而是几代人长期培育、辛勤耕耘的结果，是饭店长期参与市场竞争所形成的管理文化的结晶。因此，创建饭店文化是一项长期艰巨的任务，一定要避免陷入误区。

一、创建饭店文化的误区

（一）饭店文化建设的形式化

热衷于搞形式主义，大喊口号，大贴标语，又是宣传动员，又是出外考察，把饭店文化建设当作传统的思想政治工作来做，表面上轰轰烈烈，实际上空洞无物，饭店价值观念不变，饭店管理制度不变，饭店管理理念不变。投入几十万元，又是形象策划，又是广告宣传，热闹一阵后，一切又回到原样。说到底，这是不懂饭店文化的表现。

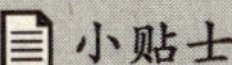

小贴士

不少饭店将饭店文化提炼成简单明了的企业口号，如“务实、尚美、团结、奋进”、“爱岗敬业，务实高效”、“责任是灵魂，服务是生命，创新是血液，团结是力量”等，便于员工记忆，但口号不能仅停留在嘴上，更应该落实到行动上，化作每一位员工具体的行动，这样的口号才有实际的意义。

（二）饭店文化建设的文体化

把饭店文化建设等同于员工文体娱乐活动，组织个小乐队吹拉弹唱，开展个卡拉 OK 大赛，定期举办篮球赛、乒乓球赛，误认为这就是企业文化建设。饭店文体活动确实可以起到加强文化建设的作用，但毕竟是低层面的文化建设，饭店文化建设包括物质文化、制度文化和企业精神文化多个层面，核心是饭店价值观念和精神状态的塑造，这都不是文体活动所能涵盖的。

（三）饭店文化建设的雷同化

文化是一种积淀，是难以照搬照抄的。但伴随着“企业文化力”在中国的升温，一些饭店企业照抄其他企业口号的现象多了起来，“团结”、“务实”、“创新”、“奋进”之类的口号满天飞，呈现出明显的文化雷同现象。真正的饭店文化建设应该挖掘内涵，注重本质，张扬个性，不是简单移植就能成功的。

二、饭店文化建设的措施

（一）饭店主要领导必须高度重视饭店文化建设

饭店主要领导是饭店文化建设的第一责任人。主要领导是否重视饭店文化建设，在很大程度上决定着饭店文化建设的成效。

首先，主要领导应是优秀饭店文化的倡导者。饭店文化建设涉及外观装饰、制度建设和企业价值观塑造等多个层面的内容，没有主要领导的支持，饭店文化建设就是一句空话，就只能流于形式、浮于表面，顶多用几场文体比赛来应付了事，不会触及饭店管理制度的灵魂。所以，要做好饭店文化建设工作，必须得到主要领导的全力支持。

其次，主要领导应是优秀饭店文化的践行者。饭店文化最终要付诸实施才有价值，而主要领导能否践行饭店文化，接受制度约束，将在很大程度上影响饭店文化的效力。一般而言，一个具有高尚价值观和先进经营管理理念的领导，其行为作风都会影响到下属，并对企业管理产生正面的影响；相反，一个专横霸道、听不进不同意见的领导，或者喜欢下属阿谀奉承的领导，必定败坏饭店的风气并带来恶劣的结果。

（二）必须建立有力的组织机构

由于饭店文化建设是饭店的长期工作，短期内没有明显的经济成效，因此许多饭店不设专门的组织机构，而把饭店文化建设工作交给人力资源部、党委工会或策划部，这使得饭店文化建设难以全面落实。譬如，让人力资源部负责企业文化建设工作，往往偏重员工的教育培训；而党委、工会抓这项工作时，又会偏重于员工的思想政治工作；若交给策划部，可能就仅注重饭店的形象宣传。它们都是从本部门的角度出发来做这项工作，难以真正触及饭店制度、企业精神等核心文化内涵，效果也会大打折扣。

因此，要真正做好饭店文化建设，必须建立有力的组织机构，全面规划饭店文化建设，从全局出发，打造饭店企业文化核心竞争力。

（三）必须注重核心文化的营造

饭店文化需要营造和提炼，并通过饭店制度、规范向员工灌输，因此，饭店文化的营造应该由专门的机构、专业的人士来完成，通过对饭店历史和饭店经营管理的思想行为进行总结、归纳，提炼出饭店企业目标、价值理念、企业精神、企业形象等核心文化内涵，形成书面的《饭店文化手册》或《员工手册》，在员工中广泛宣传，增强员工自觉性，进一步促进饭店的文化建设。①

（四）注重外围文化的建设

外围文化是饭店核心文化的外在体现，包括饭店常见的各种文化活动，如创办店刊、店报，举办文体活动，表彰优秀员工，举办店史展，等等。外围文化建设具有有形性，员工参与度高，是饭店文化建设重要的形式。饭店应该注重外围文化的建设，多开展有益的群众性活动，以此激发员工的参与意识和团队意识，培育集体荣誉感，通过外围文化建设达到促进饭店核心文化发展的目的。

三、帮助新员工融入饭店文化

不同的饭店有不同的文化取向，因此，对新入职员工进行饭店文化培训是每一家饭店不可缺少的环节。饭店培训通常解决三个层面的问题：一是明确岗位服务程序和员工责任；二是解读企业的制度和规范；三是灌输饭店价值观和精神文化，为员工树立正确的经营理念、价值观念、服务意识、效率意识、岗位意识和团队意识。

---

① 杨永平：《旅游企业文化研究》，168页，北京，经济科学出版社，2004。

一般说来，我国饭店比较注重对员工技术和操作层面的培训，相对忽视饭店文化的教育，这是因为技术层面的问题容易解决，易见实效，而观念层面的问题不是一朝一夕可以解决的。其实观念层面的培训比技术层面的培训更重要，技术培训只能培养出守纪律的劳动者，而观念层面培养的是有思想、有工作主动性、有创新能力的复合型人才。饭店员工只有认同饭店文化，才可能与饭店休戚与共，爱护饭店的荣誉，关心饭店的发展。

饭店新入职的员工往往对从事饭店职业怀有不同的打算，有的可能感觉很神圣，有的可能只是暂时过渡，并不想终身从事饭店业。但无论投身饭店业的初衷是什么，既然已进入饭店，成为饭店的员工，每个人都应该服从饭店的价值观和道德观，认清自己对饭店承担的责任和义务，自觉融入饭店文化，并在饭店文化中寻找到自己的人生价值。

知识扩展

企业文化力

企业文化力是指企业文化所具有的强大的内部凝聚力和市场竞争力，是企业文化建设的必然结果。企业文化力是现代企业管理水平高度发展的结晶，伴随企业文化力的发现，包括旅行社、饭店等旅游企业在内的全球企业掀起了企业文化创建的高潮。

一、“以人为本”的现代企业管理理念的建立

自 1864 年英国资产阶级革命确立资本主义制度以后，近代工业企业在西方社会迅速发展，大机器生产不仅成倍提高了社会生产力，同时也把人变成了机器的附庸，为了追求巨额的剩余价值，资本家依靠严格的企业规章制度，通过物质利诱和严惩工人消极怠工行为等多种方式，达到刺激生产的目的。

但是，也有一些从事企业管理的有识之士看到，仅靠金钱并不能唤起员工的工作热情，关键是要激发员工工作的自觉性。1943 年，美国心理学家马斯洛提出了“人类基本需求层次论”，认为每个人都具备五种基本需求，即：生理需求（吃穿住等基本要求）、安全需求（生命和财产安全的需求）、爱的需求（被爱和爱他人）、尊重需求（受人尊重）和自我实现的需求（实现自己的人生价值）。五种需求是递进的关系，即由低级向高级演进，越低级的越需要满足，越高级的越难满足。

马斯洛的“人类基本需求层次论”使越来越多的企业管理人员认识到，传

统的管理往往以满足员工低层次需求（生理、安全需求）为目的，忽略了社会人爱与被爱、尊重与被尊重以及实现自我价值的需求。企业只有充分尊重并满足企业员工高层次的需求，创造良好的工作环境，员工才会产生极大的工作热情，才不再把自己当作单纯的被管理者，不再把工作简单地视为挣钱养家糊口的手段，才愿意通过为企业服务实现自己的人身价值。于是，第二次世界大战以后传统的经验型管理和控制型管理逐渐向以人为中心的现代企业管理发展，企业员工的生存状况得到了前所未有的改善。

二、日本：企业文化力创造经济奇迹

最早将企业文化力发挥到极致的是日本。20 世纪七八十年代，日本经济开始腾飞，迅速成为世界第二大工业强国。“日本经济奇迹”引起了世界各国经济学界广泛的关注。人们发现，如果将日本员工与欧美员工对比，日本员工并不出色，但如果将日本企业与欧美企业对比，日本企业则拥有明显的竞争优势。日本企业强大的根源就在于日本企业具有深厚的企业文化，员工从上到下都保持着共同的价值观念和相同的行为方式；其企业内部充满了和谐包容、团结友爱、奋发向上的团队精神，无论总裁还是员工，都把企业的兴亡与个人的利益紧紧相连，企业内部“心往一处想，劲往一处使”，企业效率得到了充分的提升。日本企业的成功经验使全球范围内迅速掀起了一股重视企业文化的热潮，“以人为本”的现代企业管理制度得到了进一步的升华。

通过对日本企业的研究，1981—1982 年美国出版了《日本企业管理艺术》（帕斯卡尔、阿索斯合著）、《Z 理论——美国企业界如何迎接日本的挑战》（威廉·达内著）、《企业文化——现代企业的精神支柱》（肯尼迪、迪尔合著）等著作，标志着企业文化学基本理论的正式创立。从此，企业文化受到了世界各国的重视，成为现代企业发展不可忽视的因素。

复习思考题

1. 如何看待饭店文化建设与星级评定的关系？
2. 饭店文化建设常见的误区是什么？
3. 如何建设饭店文化？
4. 新员工如何才能更好地融入饭店文化？

第三章 饭店文化鉴赏(上)
——饭店物质文化

学习任务

饭店业的不断发展使竞争在有形的建筑装饰文化和无形的饭店价值观念、管理文化等领域全面展开。成功的饭店总是着力营造饭店文化氛围，加强饭店文化建设，并赋予饭店产品更多的文化内涵。这也是一家饭店区别于其他饭店的特色，是加速服务性产品向更高层次发展的必然趋势。

通过本章学习，你将了解饭店建筑装饰文化的主要内涵和风格，熟悉饭店建筑装饰的主要特色，提高对饭店物质文化的鉴赏能力；同时了解到饭店背景音乐是饭店文化重要的载体，可以大大提升饭店的文化氛围、创造幽雅舒适的环境，掌握饭店选择背景音乐的方法，学会欣赏不同风格的背景音乐。

知识讲解

第一节 饭店建筑风格

饭店建筑装饰风格是指饭店不同的建筑设计和装饰装修所呈现的外观特征，它是一定时代和民族文化的产物，但也受饭店决策层主观意志的制约以及饭店主体客源文化倾向的影响。建筑装饰风格主要体现为饭店不同的建筑装饰形态、建筑装饰特征、建筑装饰布局和建筑装饰风格所形成的文化氛围。中国现代饭店最常见的建筑装饰风格有中国传统风格、西方古典主义风格、现代主义风格、田园风格等多种。

一、中国传统风格

中国传统风格是指具有中式建筑和中式装饰装修风格的饭店，受中国宫殿、民居和江南园林建筑的影响，所呈现出的讲究平面对称、主次分明的外形特征，这些饭店常使用坡式琉璃瓦楼顶、方形门窗、玉栏红墙、雕梁画栋，给人以秀雅平和之感。

中式饭店有仿汉魏、仿隋唐、仿明清或仿少数民族的建筑和装饰等多种风格；中国画、中国书法、中式家具、中国民间工艺（纸扇、风筝等）和民族艺术品是中式饭店常用的装饰物。在一些特色套房、风味餐厅或宴会厅等细微处，中国文化的深刻内涵往往能够得到充分的展示。

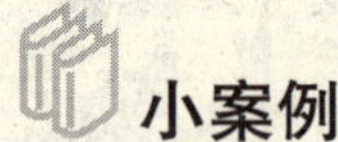

小案例

北京贵宾楼酒店中餐厅紫合厅的室内装饰风格仿故宫坤宁宫，采用了彩画花罩、明式靠椅与古典宫灯，尽显我国宫廷建筑文化的风采，虽然其井格式天花中安装了现代风格的筒灯，但与井口天花较为协调，融为一体，恰到好处。成都京川宾馆仿三国文化风格，无论大堂的东汉精品文物展馆还是饭店内各个厅堂的命名，均融入了三国人物、故事，使饭店充满浓厚的三国文化氛围。上海和平饭店的龙凤厅所采用的红柱、天花藻井、仿木结构梁方斗拱就是受中国宫殿建筑的影响。西安临潼的华清池宾馆，也是以仿古宫殿式造型使中外游客感受到了唐代宫廷生活的风采。另外，西安唐华宾馆、山东曲阜阙里宾舍、北京大观园宾馆等的装饰设计，传统特色浓郁且富有新意。

中国传统的园林风格对饭店建筑文化也有多重的影响，如通过环境规划和景观设计，营造山水景观、栽植花草树木以提高绿化率。这在南方的饭店中应用很广泛，比较著名的有广州白天鹅大酒店，其中庭设计为以“故乡水”为名的传统园林景观，并与江面风光融为一体，有“水上浮宫”之称。

二、西方古典主义风格

西方古典建筑早期多模仿古罗马、古希腊建筑样式，但经历了几个世纪的发展演变，已呈现出不同时代的多种风格，如 13 世纪～14 世纪初流行欧洲的哥特式风格，15 世纪～16 世纪出现的文艺复兴风格，17 世纪盛行的巴洛克风格，18 世纪由巴洛克风格演变而来的洛可可风格。之后，随着新古典运动兴起，18 世纪末开始流行庞贝式新古典风格，19 世纪前期流行帝政式新古典风格。

西方现代饭店常将文艺复兴风格和巴洛克风格的古典装饰特征渗透到饭店的建筑装饰中，创造出优雅而别致的室内外环境。如今在西方，采用这种装饰风格的饭店大多是著名的豪华饭店，设计者的构思跨越时空，既抒发怀旧情调，

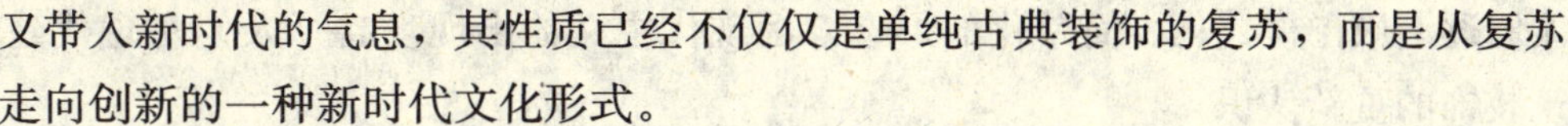

又带入新时代的气息，其性质已经不仅仅是单纯古典装饰的复苏，而是从复苏走向创新的一种新时代文化形式。

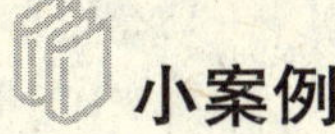

小案例

美国纽约半岛旅馆（Peninsula Hotel）的装饰富丽堂皇，如宫殿、府邸般豪华。大楼梯道的二楼拱廊、扶手为精致纤细的金屑透空图案，墙面有圆拱和壁柱，屋顶及墙上都有多层花饰，天棚悬挂大型水晶玻璃吊灯，地面铺设昂贵的艺术地毯，室内配置法国家具，整个旅馆是古典与现代的完美结合，既洋溢着早年名门望族的生活气息，又使人感到身处新时代环境的豪华享受之中。

香港君悦酒店也采用了西式古典风格与现代装饰结合的方式。其娱乐区的“忘忧地”、音乐室、酒吧等处的室内陈设品与设施既有古典的手工艺品与各种木制品，也有高技术含量的金属制品。

我国珠海拱北宾馆设有10间小餐厅，分别以国家和区域名命名，室内装饰按其命名国家的文化特征布置，如埃及厅墙面饰以古埃及石刻图案，法国厅则采用路易式白色金线的墙饰家具，外加浪漫的色彩壁挂，此外还有英国厅、西班牙厅、波斯厅等。

上海和平饭店建有几个特色客房，分别具有英国、法国、德国、印度等国家的特色。其中，法国风格套间大多采用法国路易十五时期的洛可可式，有奶白色的低护隔板和洛可可家具，壁炉用磨光的大理石砌成并摆着烛台，天顶挂晶体玻璃吊灯，墙面挂油画、嵌镜子，陈设摆件常用精致的瓷器和漆器，整个室内色彩轻淡柔和，装饰华丽繁琐。

三、现代主义风格

现代主义风格始于欧洲工业革命，其主要特点是讲究多材料、多功能的组合，追求形式美，强调色彩、形体、线条和谐，提出“少就是多”的观点，突出工业技术成就。受这种思潮影响的饭店设计风格曾在墨西哥、美国、日本等国盛行，在西欧一些国家也一度流行。东京赤阪王子酒店的门厅是典型的现代主义风格设计；芬兰赫尔辛基玛丽娜皇宫酒店室内游泳池的设计也是现代主义风格，简洁到没有一点多余装饰。现代主义设计风格追求纯净的室内环境效果，这类设计曾被称为“功能主义”，亦被称为“国际流行主义”。

自20世纪70年代以来，随着旅游业的发展，人们开始感到现代主义设计风格过于简洁。于是，现代主义设计风格从单一的简洁又发展到简洁与多元并存，这种设计思潮至今仍然有一定影响。但另一方面，随着社会生活的进步，人们逐渐厌倦模式化、简单化的形态，后现代主义的出现唤起了人们对现代建筑装饰的重新认识。

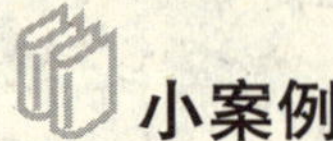

小案例

美国纽约曼哈顿的罗亚尔顿旅馆（Royalton Hotel）已有90余年历史，在近年的更新改造中，设计者打破常规，尝试奇特构思，例如，将习惯上需要突出位置的前台隐藏在斜向的心型木墙后，用一排兽角形壁灯在长条空间中构成空间序列，形状奇特的沙发椅子配上柔和弯曲的镀铬钢脚，在高科技中蕴含着古典的灵气，整体环境精致，用光恰到好处，布局统一协调。

北京国际艺苑皇冠假日酒店的主体大厦造型简洁明快，采用象征手法将中国江南民居的建筑特色与现代建筑艺术融为一体，呈现出后现代主义的风格。饭店的共享空间从一层到九层直通，顶上的玻璃天花板直接采纳自然光线，下面有绿化植物环绕，流水池造型别致，室内两部观光电梯为客人提供了不同的观赏角度。

四、田园风格

田园风格也叫乡村风格，其最大的特点是采用天然材料来布置装饰室内，显得简朴而具有乡村气息，而在满足客人需要方面，同样使用现代化的设备。各国各地区由于自然环境和文化习俗的不同，其田园风格装饰的表现形式和内容也各具特色。田园风格主要分为中国式田园风格、日本式田园风格和欧美式田园风格等多种。

（一）中国式田园风格

中国是个多民族的国家，因此其田园风格的形式多种多样，比如北京四合院式、江南水乡式、云南傣家式等，不论什么形式的田园风格都充满着质朴美和自然的野趣。例如上海锦江饭店的四川餐厅有一组乡村式的布置，分别叫“杜甫草堂”、“东坡亭”、“卧龙村”、“宝瓶口”和“天然阁”等，其中“杜甫草堂”以竹草为主要装饰材料，以细竹做顶，檐下重茅纷披，呈现出返璞归真、追求自然的装饰特征。

（二）日本式田园风格

日本式田园风格的特点是恬静、淡雅，宽敞的庭院中矗立着单体建筑，土丘上绿草茵茵，登上低矮的台阶，推开拉门，插花映入眼帘，古朴的日式字画悬挂在墙上。

（三）欧美式田园风格

欧美式田园风格的特点是室内装饰尽量使用天然材料，如木材、石材等，为了强调材料的本色，在家具制作完成之后，只刷清漆并简单粉刷。

田园风格的装饰布置由于大多需要足够的空间，因此多用在别墅式的饭店建筑中。

社会在不断进步，饭店的建筑装饰不会永远停留在已有的模式之中，不会固守某一种风格，而会随着时代的发展不断地演变，会将多种风格有机融合并加以创新，各种新风格、新流派也会不断涌现，饭店的物质文化将更加凸显，更加富有吸引力。

第二节　饭店内部环境布置与装饰

饭店建筑文化不仅体现在建筑风格、造型结构上，而且体现在从饭店的装饰上满足宾客的审美要求。饭店的内在装饰丰富了饭店的观赏艺术和使用功能，在一定程度上提高了饭店的舒适程度。也就是说，饭店的内部装饰要以满足人们的生活需要以及人类更高层次、更深的心理需求为基准点，使所创造的有限环境、气氛能够激发人们发自内心的无限兴趣。

一、饭店内部环境布置

（一）前厅

最能体现饭店建筑特色的，莫过于前厅的设计。前厅是直接对客服务的部门，其中接待部分由入口、大堂、总服务台、电梯厅、客人休息区等组成。前厅的形象对整个饭店形象起着举足轻重的作用，前厅在布置上应满足空间开阔、功能区划分合理、门气派美观等要求。

1. 空间开阔

饭店前厅是宾客进出、休息、办理各类手续的地方，同时也是一座饭店的门面，是每一个宾客的必经之地，宾客对饭店的第一印象很大程度上就来自这里。前厅在装饰上不能有过多的立柱，应力求宽敞，空间开阔。从对宾客的调研可知，往往是那些具备大型且宽敞前厅的饭店更容易受到客人的青睐，更能给客人留下美好的回忆。

2. 合理划分功能区

在饭店大厅，应该把各种功能区进行合理的划分，使其层次分明。总服务台、大厅中央及电梯区域的色彩尽可明亮，但不可强烈，可配以各种色彩、形式的灯光，使其光线充足而又不乏变幻；休息区一般被置于相对安静的区域，其色彩应以温馨为主，灯光以柔和为上。对宾客而言，也往往是那些门厅的功能区划分合理、设计妥善的饭店更容易受到青睐，更能给他们留下美好的印象。

3. 前厅门的美学价值

门的作用首先是使饭店内外隔离，同时也应该让宾客在尚未进入饭店就从视觉上感受到大厅的豪华和气派。早期感应门的广泛应用，避免了大厅内和室外空气的对流，同时也避免了动力系统制冷或制热能力的浪费，让宾客在饭店内享受到一种“持续性”的舒适环境。现在很多饭店采用了旋转门，旋转门可使饭店更具神秘感和高贵感。

（二）客房

客房是饭店主要功能区域之一，其基本功能是供客人睡眠、会客、阅读书写、洗漱等。按照等级和类型，客房可以分为单人间、标准间、套间、豪华间、总统套间等几种形式。饭店客房楼层的设计一般都采用双排客房形式，形状有L形、T形、“口”字形等，通常有板式结构、塔式结构和内天井式结构。标准的饭店要求有明确的客房数或套间数、位置适当的客用电梯与服务电梯、符合建筑法规的疏散楼梯、充裕的被巾储藏室，以及置放零售机器、电器以及电话的设备间。

客房的布置应注重以下方面。

1. 门

在当今高科技时代，各种磁控锁被广泛运用，原始的人工锁在高级饭店中已被完全淘汰。磁控锁从材料到造型都日益精细化，足以引起人们的视觉美感，对宾客的安全和私密更具保障性。

2. 地面

如今，在高档饭店中已经不再使用石材装饰的客房地面（卫生间除外），而普遍使用了地毯地面。根据饭店的等级与豪华度，分别采用从纤维质料到毛料材质的不同地毯，在顶级饭店中甚至还会使用纯动物毛地毯，目的是给宾客提供舒适的环境，宾客尽可赤脚走在松软的地面上，感受饭店客房的轻松、惬意。

3. 床

床是客房中的必要备件。在高级饭店中，对床的质量、舒适度、款式的要求都非常的严格，目的是更大程度地满足宾客的生理及心理需要，给宾客创造良好的睡眠条件和心理愉悦。另外，饭店对于客房的卫生间和其他设备也有很高的要求。

（三）餐厅

宾客除了把大部分时间留在了客房，还会就近到饭店餐厅满足“食”这一层次的需求。饭店餐厅应该具备能够提供优质服务和能够引起审美快感的装饰。餐厅的布置应着重以下方面。

1. 餐厅格调

餐厅的总体格调给宾客留下的第一印象尤为重要。就餐大厅应以明亮的色彩为主，因为众多的食客聚在一起，进行大范围的人际交流，需要营造的是热闹场面；包房则应以温馨素雅的色彩为主，因为亲密朋友、合作伙伴、商务客户常在就餐过程中完成情感的交流，包房温馨雅静的氛围较适宜这类宾客。因此，餐厅的色调要根据功能区域的不同而进行不同的处理，以适应宾客不同的心理需求，使其获得精神愉悦。

2. 餐桌和餐椅

餐厅装饰美还体现在餐桌和餐椅上。餐厅的桌椅不仅要充分满足吃客对其功能的要求，还要让食客获得充分的舒适感。

3. 餐厅音响

音响是餐厅装饰美的一个不可忽视的组成部分。餐厅装配音响非常讲究，要做到隐而不显，既要让客人感觉到声响无处不在，又不能让音响设备暴露无遗，在技术方面要求从各个方向发出的声音都要音色纯正、清晰，绝不可有杂音和回音。

二、饭店装饰与绿化

在现代饭店中，主要通过灯光及照明艺术、饭店绿化艺术、饭店装饰物以及水景艺术来体现饭店的装饰美。

（一）饭店灯光及照明艺术

饭店建筑照明除具有实用功能外，还具有重要的装饰功能，通过灯具的造型和照明方式可以烘托渲染环境气氛。我国现行《民用建筑照明设计标准》（GBJ133－90）中，对饭店建筑照明提出了要求，如饭店的照明设计应避免盲目追求高标准而忽略节能，在进行照明艺术处理时应避免孤立地追求灯具的造型而忽略引导人流、划分空间的功能。因此，饭店照明应从全局出发，全面地考虑光源灯具、照度、光影、空间分布及节能等问题。饭店内常见的灯具形式有吸顶灯、吊灯、镶嵌灯、壁灯、台灯、落地灯、霓虹灯和喷泉照明灯具等。

饭店建筑照明艺术主要包括以下几个方面。

1. 饭店建筑物外照明艺术

（1）串灯方式。串灯方式是指沿建筑物轮廓挂设彩灯。这种方式的优点是简单易行，能体现建筑物本身的立体感，但艺术效果欠佳，且耗电量大。

(2) 投光灯方式。投光灯方式是指采用投光灯直接照射建筑物的外轮廓。其优点在于光色好、立体感强、所需照明功率小。投光灯组的设置应以建筑物底层平面形状为依据，低层建筑可用宽光来投光，高层建筑可用多个窄光束或小光束来投光，具体设置时可利用饭店周围树木、围墙、盆景、雕塑等作为光源的遮挡物，使光源得以隐藏；或利用阴影加强深度感，也可利用水面（水池、人工湖泊等）的倒影，增强艺术效果。

2. 大堂照明艺术

大堂是照明设计的重点部位，灯光设计应明亮，便于客人在此集散，灯具的选择应富于艺术特色。面积较大的大堂，照明灯具应采用豪华的吊灯加以陪衬，如上海花园酒店大堂和北京东方君悦大堂均采用西式水晶玻璃圆吊灯，显出高贵豪华的气派；面积较小的大堂可选用荧光灯加一些壁灯来装饰。大堂内总服务台的柜面常用管吊筒灯来照明，这种灯的光线集中在柜面上，不会影响大厅的照明艺术。

3. 客房、康乐部照明艺术

客人在饭店客房是以休息为主的，所以客房应采用低照度和光线柔和的照明，以营造宁静、舒适的气氛。由于客房层高多数偏低，所以很少用顶灯作为主要照明，落地灯是卧室的主要照明工具；床头壁灯一般选用可以旋转的花色灯具，既作为装饰，又方便使用；写字桌上部的壁灯形式要简洁大方，光线漫射而柔和；卫生间以荧光灯为主或装乳白色玻璃罩吸顶灯。

康乐部的照明应根据不同的使用功能来设计。健身房要求照明充足，圆形健身房可使用放射状灯具，使照明均匀；长形、方形健身房可采用发光天棚形式照明。室内游泳池除采用发光天棚、光格等照明方式外，应设有水下灯光装置，既有装饰水体的作用，又不乏实用性。保龄球馆要求照明充足，一般采用发光天棚照明形式。

4. 餐厅、咖啡厅照明艺术

餐厅需要暖色照明和较高的照度，因而多采用红黄色成分较丰富的光照和显色性能较好的灯具，这可使食物色泽鲜美，有助于增强食欲。中餐厅的照度要求为60LX～150LX，西餐厅的照度要求为50LX～60LX。中餐厅的灯具及光色设计要体现民族特色，可以选用中国古代的宫灯或现代的花色吊灯来凸显东方情调。西餐厅则应采用西式吊灯以显示西方情调，在餐桌上还可摆设蜡烛灯，以营造西式古典餐厅的氛围。

宴会厅是照明设计的重点，因为许多饭店的宴会厅同时又兼作多功能厅，具有餐厅、宴会厅、舞厅、文艺演出厅、展示厅、会议厅等多种功能，因此要求厅内具备多种类型的照明方式，以满足多种功能环境的要求。

饭店的咖啡厅有两种形式，一种是独立的咖啡厅，设有单独的雅间，灯具应按照建筑的艺术风格要求来布置；另一种设在大厅，供宾客休息之用，可在咖啡座上设置台灯，在墙面上安装壁灯，在顶棚上安置花色顶灯。咖啡厅的平均照度一般在30LX左右，灯光宜柔和。

（二）饭店绿化艺术

饭店绿化包括内部环境的绿化与外部环境的绿化。内部环境绿化的基本形式，按空间位置划分可分为点状绿化、带状绿化、悬吊式绿化、面式绿化与综合式绿化等。绿色植物、花卉不仅有装饰美化环境的作用，而且可以净化空气，调节温度、湿度。外部环境绿化的手段有两种，一种是借助周围环境进行绿化，如我国著名的钓鱼台国宾馆就坐落在北京阜成门外玉渊潭边40多万平方米的绿色园林中，这里流水蜿蜒，大树参天，花木扶疏，一派江南风光；另一种是人工绿化，主要指对饭店辖区内的空地和室外空间的绿化，一般包括室外庭园、屋顶花园两种形式。坐落在城市内的饭店大多无自然风景可借用，而且占地较小，因此，采取室外庭园及屋顶绿化方式对美化饭店外部环境至关重要，例如以园林式建筑著称的济南舜耕山庄，庭院宽阔，院内苍松翠柏，茂林修竹，古色古香，在客房的环围建有人工湖，上架小桥，湖岸垂柳依依，虽为人工，却透出自然之美。

饭店绿化中广泛使用的一种方法是插花。插花就是根据一定的构思把花插在瓶、盆、盘等容器中，形成一个优美的形体。插花的种类很多，饭店常用的插花根据插花的目的不同可分为礼仪插花和艺术插花。艺术插花在饭店中很常用，主要用于美化装饰环境，多陈设在各种展览厅、饭店厅堂和客房内供宾客欣赏。

（三）饭店装饰物的摆放艺术

饭店的室内装饰物在空间环境整体装饰中起点缀性的作用，可以渲染气氛、创造意境、提高档次。饭店装饰物可以分为大型装饰物、摆件装饰物和挂件装饰物等。

1. 大型装饰物

现代饭店常在大堂、宴会厅、会议室、大办公室的宽敞处用一整面墙作为装饰的对象，一般有壁画、挂毯、雕刻和书法等几种形式，特点是气势恢弘、夺人心魄，给人以鲜明的视觉感受，并留下深刻印象。大型装饰物一定要和周围的气氛相协调。

小案例

广州花园酒店大堂是远东最大的饭店大堂之一，总面积3 800平方米。其

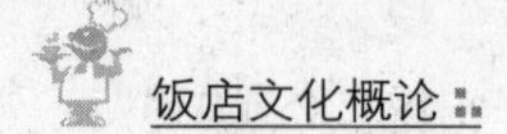

平顶的藻井、彩画等凸显出中国传统风格，给人富丽堂皇、气度不凡之感；大堂正中央的巨幅大理石贴金壁画“大观园”，用20万片金箔贴成，取材于中国文学巨著《红楼梦》，生动地再现了金陵十二钗的生活情趣，令人叹为观止。

美国圣路易斯市的雷金丝宾馆的总台后面挂着一幅19世纪初日本的织锦壁挂，织锦上的两条龙身精美夺目，给人留下深刻的印象。

2. 摆件装饰物和挂件装饰物

摆件装饰物是指在平面安放的装饰物，一般安放在室内桌面、博古架、窗台、茶几等上面。常见的有牙雕、玉雕、竹雕、木雕、唐三彩等。摆件装饰物在布置中要根据房间风格来确定，服从整体的装饰要求，其形态、色彩、审美风格都应与周围环境相适应，并且要方便客人活动。挂件装饰物是室内立体平面的挂置装饰物，常见的挂件装饰物有国画、山水画、人物肖像画、油画、水彩画等，按其品种分有书画、照片、工艺品、艺术品等。

（四）饭店水景艺术

饭店水景作为当代饭店一个重要组成部分，作用是美化饭店内外环境，创造特定的艺术氛围，顺应在城市寻找自然景致的潮流，以及满足饭店整体建筑艺术构思的要求。水景具有很强的装饰和改善环境的作用，饭店建筑配以活动的水景，可以收到动静结合的效果；配以静止的水景，则使环境更显安恬平静。水景还能使空气更加新鲜湿润，怡人心脾。

饭店水景的基本形态有池水（镜池）、流水（溪流、漩流）、跌水（叠流、瀑布、水幕、孔流）、嘴水（射流、冰塔、水膜、水雾）、涌水（涌泉、珠泉）等几种。当饭店为现代建筑形式时，水池形状一般设计为圆形、类圆形、类矩形、多边形等，水量要大，水感要强烈，水姿要富于变化，可将射流、冰塔、水幕、瀑布、水雾等有机组合，同时色彩要求华丽，可使用音乐喷泉、彩色灯光照明等方式。饭店建筑为传统或民族风格时，水池形状可为自然形，水流形式则应表现为天然水态，如镜池、溪流、瀑布、涌泉、珠泉等，水量较小，水姿宜淡雅少变化。关于室内的水景造型，若室内气氛较为欢快热烈，如舞厅、酒吧、餐厅、娱乐厅、商店等，则水池形状可任意选择，色彩可稍微华丽并多变化，同时注意应流量小、水柱少、低射程；在较安静的室内场所，如庭园、会客厅、休息厅等，水景形式更为自由，可与雕塑和各种装饰性小物品相结合，整体造型、色彩宜素雅清新。

随着现代科学技术的发展，水景造型已变得越来越丰富多彩，水景远行控制方法已由简单的手控方式发展到包括电子技术在内的各种自动控制。简单的手动控制方式下，喷水姿态及灯光照明是固定不变的；程序控制方式利用时间继电器或可变程序控制器，可以实现喷水姿态、照明色彩和照度变化的自动切换；音响控制方式则利用音响控制技术来控制水路及灯光线路，可使喷水姿态、

灯光色彩及照度随着优美的音乐旋律而变化，形成水舞翻浪、五彩缤纷的艺术效果。

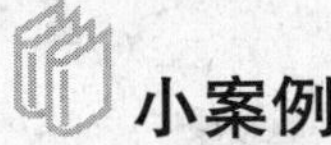

小案例

桂林漓江大瀑布饭店拥有世界最大的人造瀑布，瀑布上部宽72米，下部宽75米，落水高度达45米，已被列入世界吉尼斯纪录。瀑布由电脑程序控制，随着音乐的节奏，从楼顶缓缓而下，时大时小、时急时缓，时厚如海浪、时薄如轻纱，为桂林山水增添了新的景色。

第三节　饭店建筑文化经典范例

饭店作为客人的“家外之家”，在现代社会中发挥着日益重要作用。如今，无论走进哪家饭店，都能感受到不同的饭店文化。这里从世界众多饭店中遴选出四家代表不同地域特色和文化品位的饭店，简要介绍，以飨读者。

一、阿联酋迪拜的阿拉伯塔（Burj Al Arab）酒店——世界上最豪华的饭店

阿联酋迪拜的阿拉伯塔酒店是目前世界上最豪华的饭店。它的建造、设备、服务水平都远远高出其他五星级酒店，所以被人们称为“七星级酒店”。饭店建在海滨的一个人工岛上，是一座帆船形的塔状建筑，一共有56层，321米高，采用双层膜结构建筑形式，造型轻盈、飘逸，具有很强的现代感。它的中庭是金灿灿的，入口处设两个大喷水池，不时变换着喷水方式，每一种皆经过精心设计，15分钟～20分钟变换一次。它拥有202套复式客房，皆为两层的套房，面积最小的房间都有170平方米，而面积最大的国王套房更有780平方米之大，四周全部采用落地玻璃窗，随时可以欣赏一望无际的阿拉伯海。客人一进房间，就会有一个客房管家向客人解释房内各项高科技设施如何使用。该饭店最豪华的是25楼及以上楼层的国王套房，其装饰典雅辉煌，装满了搜罗自世界各地的摆设，使套房如同皇宫一样气派，家具采用镀金材料，配有私家电梯、私家电影院、旋转睡床、阿拉伯式会客室。客人可从饭店28层专设的机场乘直升机，花15分钟自空中俯瞰迪拜美景。客人也可搭乘快速电梯，只需花33秒便可直达屹立于阿拉伯海湾上200米高空的Ai-mahara餐厅。该餐厅采用以蓝绿为主

的柔和灯光，加上波浪设计的衬托，使人仿佛进入另一世界，餐厅可容纳140名宾客，晚餐之际，夜空璀璨，客人在餐厅可环观迪拜的天空和海湾，享受地中海风味的高级厨艺，这是该餐厅的一大特色。

阿拉伯塔酒店的外观及内部装饰布置如图3—1所示。

(a)

(b)

(c)

图3—1 阿拉伯塔酒店

二、美国拉斯维加斯的米高梅大酒店——世界上最昂贵的饭店

坐落于赌城拉斯维加斯米高梅广场的米高梅大酒店拥有5 005间客房，是一个以影城好莱坞为主题的酒店，也是世界上最豪华的酒店之一。酒店的建筑风格模仿18世纪意大利佛罗伦萨别墅的设计，以翠绿色的玻璃为外围造型，独树一格，内部装潢分别以好莱坞、南美洲、卡萨布兰卡及沙漠绿洲等为主题。酒

店门口伫立着一个巨大的被喷泉围绕的金色狮子雕塑，气势十足。在米高梅酒店中，最小的套间面积约为260平方米，最大的超过800平方米。最豪华的房间每晚房费高达1.5万美元。酒店拥有29个客户服务中心，每个中心都有24小时待命的主管。在最为奢华的酒店套间中，设有一间豪华餐厅、一座配温泉的私人游泳池及两间分别烹饪亚洲和欧洲美味的厨房，房客随时可以预订菜肴。酒店内有8间餐厅，分别满足客人的不同需要，其中最有特色的中餐厅“珍珠餐厅”（Pearl Restaurant）由多次获得世界大奖的中国香港大厨掌勺，为客人奉献最地道、最美味的中国菜。米高梅酒店的会场设施占地38万平方米，花园宴会厅可容纳9 500人，其他30个功能齐全的会议室可以召开28人到350人的会议。酒店另设有15 000个座位的多用途剧院及两个剧场。酒店的娱乐设施包括室外游泳池、健身俱乐部、网球场、桑拿房、高尔夫球场等，同时还有拉斯维加斯第一家拥有大型游乐园的赌场。米高梅大酒店作为拉斯维加斯最大的酒店无愧于“娱乐之都”的美誉。

米高梅大酒店的外观及内部布置见图3—2。

(a)

(b)

(c)

图3—2 米高梅大酒店

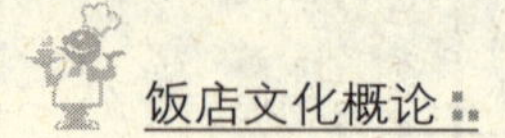

三、北京的中国大饭店——东方文化的体验

中国大饭店隶属于香格里拉酒店管理集团，曾接待过几十位国家元首和政府首脑，每年接待高级政务、商务客人上百人次，承办大型会议等国际商务活动数百场，有“第二国宾馆”之称，酒店设计堪称贵族皇家设计的典范。中国大饭店采用了现代与传统相结合的手法，规整对称的平面，大红描金圆柱，富丽的壁画，无不闪烁着皇家建筑的光辉。饭店大堂中最醒目的四根红色亮漆巨柱赫然矗立在大堂前沿，每一根柱子都配以大理石基座，柱头用金色叶片和埃及水晶石镶嵌，亮丽的大理石地面和两个玻璃天窗交相辉映。整个大堂以金叶为主题的装饰一直延伸至屋顶藻井，金光闪闪的水晶吊灯宛如串串珍珠在大堂上空熠熠生辉。饭店共有客房和高级套房 745 间，客房内现代化设施齐全，包括豪华写字台、国际长途直拨电话、迷你酒吧、卫星传播和电影设备等，其中 88 套客房配有鲜明的中国风格装修和陈设。每天清晨，宾客可在休息厅免费享用早餐、红茶及咖啡。饭店的健身中心选用先进电脑控制的运动器械，设有台球室、室内游泳池、3 个室内网球场、2 个模拟高尔夫球场以及 12 球道的保龄球场。宾客还可以享受桑拿浴、蒸汽浴、漩流浴及专业按摩。中国大饭店拥有市内最佳餐厅和酒吧，其“夏宫”餐厅精制广东名菜、北京特色美食和全国各地佳肴，“百花厅”的欧陆风味菜点与其高雅瑰丽的装饰相得益彰，“鸭川”餐厅以正宗日餐而闻名。中国大饭店还拥有会议大厅、宴会大厅和多功能厅 25 个，总面积达 5 146.5 平方米，其中包括可容纳 1 800 人的大会议厅和可容纳 900 人的大宴会厅。

中国大饭店的内部布置见图 3—3。

(a)

(b)

(c)

图 3—3　中国大饭店

四、上海的和平饭店——远东第一楼

上海和平饭店建于 1929 年，原名华懋饭店，属芝加哥学派哥特式建筑，楼高 77 米，共 12 层，享有“远东第一楼”的美誉。和平饭店是由当时富甲一方的英籍犹太人爱利斯·维克多·沙逊建造的，外墙采用花岗岩石块砌成，金字塔式绿色铜瓦楞皮的尖塔楼，旋转式厅门，宽敞的大厅和走廊，意大利大理石地面和立柱，古铜灯具，装饰讲究的餐厅里的“拉力克”灯饰，独一无二的九国式特别套房，一切都是那么的华丽而古朴。由旋转厅门而入，大堂地面用乳白色意大利大理石铺成，屋顶装有古铜镂花吊灯，豪华典雅。和平饭店无论是在建筑设计上还是在装潢艺术上都是无与伦比的。它摄人心魄的魅力，表现在它所营造的那种无时无刻不在散发着的欧洲古典宫廷艺术的神韵。最令人叫绝的是在几个餐厅和会客室里镶嵌着的若干块尺寸见方的拉利克艺术玻璃饰品，有花鸟屏风、飞鸽展翅、鱼翔浅底，置身其中，恍若进入一个水晶世界。餐厅中最著名的和平厅为典型的巴洛克式宫廷建筑风格。

和平饭店拥有分别具有九国（中国、英国、美国、日本、法国、意大利、德国、印度、西班牙）特色的江景套房 380 间，装潢考究，富丽堂皇，堪称一绝。

上海和平饭店的外形及内部布置见图 3—4。

(a)

(b)

(c)

图 3—4　上海和平饭店

第四节　饭店背景音乐赏析

一、背景音乐的概念

背景音乐（Back Ground Music，简称 BGM），是指在不以音乐为主题的活动中，为了营造某种环境氛围而播放的音乐作品，也称为“墙纸音乐”。背景音乐多采用轻音乐或民乐，旋律轻松优美，带有休闲性质，结构简单，节奏明快。

它不像古典音乐那样内容复杂艰深、形式庞大，需要欣赏者具有较高的音乐修养，也不像流行音乐那样具有鲜明的时代特征和流行性。轻音乐介于古典和流行之间，是二者鲜明对比的折中，既通俗易懂，又格调高雅，可谓雅俗共赏，易于流传，是一般大众所乐于接受的音乐形式。

旅游饭店的背景音乐是指在宾馆、饭店、酒吧等营业场所，以机械表演和现场演奏的形式演奏的背景音乐。国家标准《旅游饭店星级的划分与评定》(GB/T14308—2003) 规定，四星级以上的饭店总体要求有公共音响转播系统、背景音乐曲目，并且音量适宜、音质良好，客房内要求有客人可以调控且音质良好的音响装置。

二、背景音乐的作用

现代饭店的竞争早已从硬件设施的竞争过渡到软件服务的竞争，背景音乐作为营造饭店氛围的重要方法之一，其作用往往是潜移默化的。国内不少饭店已经意识到背景音乐的重要性，如上海的金茂凯悦，作为全世界最高级的饭店之一，在设计、装潢、设备、菜系、制服等方面都已达到较高的水准，而在饭店背景音乐的设计上，金茂凯悦专门聘请了一位音乐顾问为其录制与饭店风格相匹配的音乐光碟，在各个特定的场景中滚动播放，为本就高雅的饭店环境更添光彩。

背景音乐在饭店中的作用有如下三个。

（一）使顾客和员工在生理和心理上得以放松

据研究，音乐通过音频、力度、音色和音程等物理刺激，可以对人的生理和心理产生一定的影响，如强烈高亢的音乐节奏会使人亢奋、激动，而缓慢柔和的音频振动具有松弛神经与肌肉的作用，使人感觉亲切、友好和温馨，能缓和交感神经的过度紧张，促使情绪稳定、压力减轻，达到宣泄感情、放松精神的效果。

恰当的背景音乐可以为顾客营造出温馨而放松的消费环境，突出饭店高雅舒适的氛围，使顾客心情得到放松，疲劳感和紧张感得以消除，顾客愿意长时间地停留在这种环境和氛围中，从而增加了顾客在饭店消费的可能性。

另一方面，饭店一线员工多采用站立服务，重复性的工作较多，这使得员工容易产生疲劳感。而背景音乐可以影响人的高级神经活动，使大脑皮层出现新的兴奋点，所以，在适当的背景音乐下，员工的疲劳感可以得到一定程度的缓解，从而提高员工的工作效率。

（二）创造良好的消费环境

英国莱斯特综合大学心理学博士艾德里安·诺斯和他的研究小组通过对数

家餐厅进行调查发现，在播放古典乐曲、流行乐曲以及不播放背景音乐的环境下，顾客在餐厅的消费水平有所不同。餐厅回荡着古典乐曲，尤其是播放莫扎特和巴赫等古典音乐大师的作品时，顾客平均消费在24英镑以上，而在播放流行乐曲时，顾客平均消费在22英镑以上，若没有任何背景音乐，顾客人均消费大约为21.7英镑。

针对以上统计，诺斯指出："当人们听到某些音乐时，会从精神上感受到那个时代的生活。古典音乐有多重复杂的含义，比如优裕和财富，当听到古典音乐时，顾客仿佛回到那个时代，感受到贵族生活的富裕和高贵，这种身临其境的感觉，使顾客愿意在餐厅里消费更多的钱来感受那个时代的奢华。"由此可见，背景音乐不仅仅是听觉上的享受，在一定程度上，音乐可以影响人的情感与性格，进而影响人们的行为举止。因此，饭店应根据自己的实际情况播放特定的乐曲来营造特殊的消费氛围，如在装饰高雅的西餐厅里播放缓慢柔和的音乐，顾客会感觉舒适放松，仿佛置身于上流社会之中，从而乐意消费更多的钱以维持这种感觉。在麦当劳、肯德基这类的快餐厅中，应播放轻松欢快的音乐，使顾客不知不觉加快进餐速度，从而大大提高顾客流动率，增加餐厅收入。

（三）遮盖噪音，保护顾客谈话的隐私性

饭店的公共营业场所人员较多，各种谈话声、脚步声、操作服务设备等产生的噪音令人烦躁不堪。声音分贝恰当的背景音乐可以较好地遮盖这些噪音，保持饭店环境的安静优雅，也可借以保护顾客谈话的隐私性。

三、背景音乐的选择

（一）选择背景音乐应遵循的原则

背景音乐在营造饭店高雅、轻松的氛围方面起到了重要作用，但不是所有的音乐都适合作为背景音乐，在选择背景音乐时应遵循以下原则。

1. 音乐节奏适当

健康人的脉动节律为每分钟60次左右，每分钟在60拍左右的节奏与人的正常生理节奏正好共振，这种节奏最容易使人保持身心平衡，既不兴奋又无抑制，适用于饭店大堂、洗手间等环境。每分钟快于60拍的音乐节奏可起到使人兴奋的作用，能使机体的生物活性物质被激发，情感也随之兴奋起来，此类音乐可以应用于餐厅、酒吧等环境。每分钟慢于60拍的音乐有抑制、催眠的作用，应避免在饭店背景音乐中使用。

2. 音乐主题积极向上

顾客在一个新的环境中容易产生陌生感和紧张感，如在一个没有背景音乐

的环境中，这种陌生感和紧张感会加剧，而播放带有悲剧色彩的音乐也会使顾客感觉到压抑、孤寂。因此，在选择饭店背景音乐时要避免悲观或不健康的内容，也不要带有过强的政治色彩，应选择主题积极、乐观向上，对美好生活充满向往和追求，能使顾客感觉到生命活力的背景音乐。

3. 音乐风格与饭店风格相统一

音乐是流动的建筑，建筑是凝固的音乐。在选择背景音乐时要考虑到饭店的建筑风格。如欧式风格的建筑可选择西洋乐器演奏的乐曲；江南庭院式饭店可选用丝竹乐；位于风景区的饭店可选用融入大自然风声鸟语的背景音乐。

没有音乐的饭店等于失去了半个灵魂，在细节决定成败的竞争中，饭店经营者要巧妙地利用背景音乐改善饭店环境，强化品牌形象，提高饭店营业额。

（二）饭店背景音乐选用应避免的问题

目前国内饭店背景音乐选择中存在的问题较多，使得背景音乐的使用难以达到预期的效果。我们应注意避免如下一些问题。

1. 背景音乐的选择与饭店的建筑风格、经营特色不融合

部分饭店对背景音乐的选择不太重视，随意性较强。例如，有的饭店选用只适合在音乐厅欣赏的交响乐；有的商务饭店选择二胡曲，与其现代化的商务风格形成反差；有的大堂吧选择一些朗朗上口的流行曲，顾客、员工听了都喜欢跟着哼两句，无意间增加了噪音源，分散了员工的注意力，降低了员工的工作效率；有的饭店采用一个音源，在中餐厅放古筝曲时，西餐厅也响起了委婉低吟的悠悠古乐，这些都是不恰当的。饭店在选择背景音乐时要注意与自己的饭店风格、形象特征相匹配，针对饭店内的各个场景定制音乐内容，这样才能起到渲染气氛的作用。如有必要，可请专业的音乐人为饭店录制与饭店风格相匹配的音乐。

现在有些高档饭店开始采用现场演奏作为背景音乐。采用这一形式应注意所选择的乐器与饭店风格的吻合，如在欧式的大堂吧可演奏钢琴、弦乐二重奏、弦乐四重奏等；在酒吧可安排吉他、贝司、萨克斯演奏；在中式茶坊可安排古筝、扬琴、二胡等民族乐器演奏。另外，演奏者的服装也应与所演奏的乐器、饭店装饰的风格和色彩相统一。

2. 没有根据不同营业时间选择不同的背景音乐

音乐可以影响人的高级神经活动，人们在一天里生活节奏和情绪都会随时变化，因此，在不同的时间要选择播放不同的背景音乐，而不能只用一张碟从早播到晚。例如，早晨可选择节奏轻快、充满乐观情绪的音乐，让顾客和员工感受到美好的一天即将开始；中午客人用餐时，可选放一些促进胃蠕动、帮助消化的音乐，如理查德·克莱德曼的《水边的阿狄丽娜》、《致爱丽丝》、《太阳永上云端》等；下午茶的时段应播放节奏轻缓，使人心情平静安宁的音乐，让

紧绷的神经得以放松，如喝中式下午茶可播放民乐《梦江南》，喝西式下午茶可播放班德瑞的《仙境》等；晚上可播放旋律优美、充满温馨浪漫情调的音乐，如舒伯特的《小夜曲》、门德尔松的《乘着歌声的翅膀》等，使顾客在愉悦的音乐声中消除白天工作的疲劳。

3. 音量控制不当

饭店的背景音乐应根据营业面积的大小来适当地控制音量。音量过大会影响人们正常交谈，使交谈中的人不自觉地提高音量，反而制造了噪音，给顾客带来交谈的不便；音量过小则失去了背景音乐的实际意义。所以，背景音乐的音量控制要达到“似听到又听不到的程度”，即休息放松时可以听到，与他人交谈时又听不到的状态。

4. 没有严格执行背景音乐收费的相关法律条例

以保护文学及艺术作品为目的的国际性公约《伯尔尼公约》规定，在宾馆、饭店、咖啡厅、酒吧、商场、超市等公共场所，以营利为目的使用音乐，都应该向音乐作品著作权人支付使用费。我国大的商场、旅馆、饭店等营业场所多播放背景音乐，但支付音乐著作权使用费的却十分少见。目前，高档饭店播放背景音乐无须付费的状况正在北京、上海发生改变，中国音乐著作权协会在北京、上海启动了四、五星级饭店背景音乐收费项目，已完成签约的饭店有几十家，如中国大饭店、香格里拉、希尔顿等。

小思考

为什么很多饭店不愿支付音乐使用费？应该如何付费？

中国的饭店播放“免费”背景音乐已经成为长久以来的习惯，很多饭店并不是不愿支付背景音乐的使用费，而是根本不知道有支付费用的义务。《中华人民共和国著作权法》规定，在公共场合公开使用音乐作品必须按照规定缴纳一定的使用费或得到他人同意，未经许可随便播放他人作品将构成侵权。随着对知识产权保护力度的加强，饭店等单位如果播放背景音乐却拒付使用费，就有可能被提起著作权侵权诉讼。

根据国家版权局发布的《使用音乐作品进行表演著作权许可使用费标准》，饭店背景音乐月收费标准为 1.75 元/床位，饭店所附夜总会、歌舞厅、咖啡厅、餐厅、卡拉 OK 厅（含 KTV 包间）等场所按相关标准另行计算。按此规定，以上海拥有 439 间客房的四季饭店为例，每月支付的背景音乐使用费实为1 229.2元。

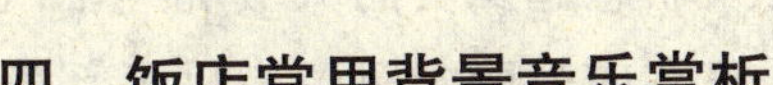

四、饭店常用背景音乐赏析

（一）理查德·克莱德曼钢琴曲系列

1. 理查德·克莱德曼简介

理查德·克莱德曼出生于法国巴黎，5岁开始习琴，后进入巴黎国立音乐戏剧学院学习，16岁开始演奏自作曲，得到学校音乐比赛的优胜，并以优异成绩毕业。

理查德·克莱德曼擅长演奏肖邦、拉贝尔、德彪西等人的作品，是当时古典音乐界的明日之星。1977年理查德·克莱德曼为电视配乐，演奏了《水边的阿狄丽娜》，将古典音乐和现代流行音乐完美地结合在一起，立刻引起轰动，可谓一夜成名。理查德·克莱德曼的现代钢琴曲充满浓郁的浪漫主义色彩和强烈、富于激情的现代气息，他演奏的钢琴曲大部分都是由赛内维尔和图森创作或者改编自大师们名作的作品，这些作品承袭了大师名作的精华，并把古典音乐的素质与现代音乐的技术和精神巧妙完美地结合在一起，再通过克莱德曼精湛的技艺，形成独特风格，非常富有表现力，激荡人心。

自此，理查德·克莱德曼那流畅华丽的钢琴曲，自成一派的演奏风格，犹如一股席卷全球的旋风，由斯堪的纳维亚半岛远播南非，又从欧美大陆传到亚洲各国。他本人以俊美的形象和作品华丽的音色、优雅的旋律被誉为“世界现代钢琴王子”。

克莱德曼是目前世界上改编并演奏中国音乐作品最多的外国艺术家，仅在中国内地他便先后十余次举办巡回演出，访问了60多个城市，演出场次达百余场，几乎场场爆满。他改编、演奏并出版的中国乐曲包括《红太阳》、《一条大河》、《梁祝》、《山歌好比春江水》，以及《花心》、《爱如潮水》等流行音乐，1998年下半年，他还在全球推出专门为中国谱写并与中国小钢琴手合奏的最新作品《魅力中国情》和《诗意奏鸣曲》，这使他越来越受到中国观众的喜爱和青睐，他在中国的艺术生命力也因此而经久不衰。

2004年，为表彰克莱德曼为推动中法文化交流、推广中国音乐所做出的杰出贡献，第二届“中国十大演出盛事评选活动”特别授予他优秀演出奖和最佳推广奖。

2. 代表作品赏析

（1）《致爱丽丝》：经过改编的贝多芬名曲之一。贝多芬一生没有结过婚，但他一直盼望着能得到一位理想的伴侣。他教一个名叫特蕾泽·玛尔法蒂的女学生弹琴，并对她产生了好感。在甜美、舒畅的心境下，他写下了这首曲子。该曲基于一个淳朴而亲切的主题，把爱丽丝温柔、美丽的形象作了概括的描述。

乐曲以小回旋曲式写成，旋律清新流畅，使人联想起少女的天真和纯洁。作品的前半部分，好似贝多芬有许多亲切的话语正在向爱丽丝诉说，后半部分听起来似是二人在亲切地交谈。

(2)《天鹅》：改编自圣桑的名曲，旋律优雅，充满山林中的自然气息。细细品味，似乎还可以闻到雨后湖畔的青草味道。

(3)《水边的阿狄丽娜》：这是理查德·克莱德曼的成名曲，该曲旋律细腻、柔和、沉稳，在不动声色中渐渐向前推进，前进中又有迂回，最后逐渐达到高潮。在一次又一次的迂回前进中把情绪层次分明地释放出来，颇有些一波三折的味道。

（二）班得瑞乐团

1. 班得瑞乐团简介

班得瑞乐团是由一群年轻的作曲家、演奏家和音源采样工程师等组成的，1990年开始在瑞士演出。团长奥利弗·史瓦兹是一位多才多艺的音乐人，曾与亚历士·克里斯坦森合作为莎拉·布莱曼制作“Time to Say Goodbye”，热爱新音乐的他最终选择了将音乐才华献给瑞士山林。

班得瑞乐团从不在媒体上曝光，一旦开始策划新的音乐便深居在阿尔卑斯山林中，直到母带成品完成。置身在山林之中让班得瑞拥有源源不断的创作灵感，也形成了其自然脱俗的音乐风格。每一声虫鸣、流水声都是从大自然中获取的，他们为了采集自然的声音，历尽千辛万苦，有时候甚至守候数月之久，正因为如此他们才能将这些音效完美地呈现在专辑中。

班得瑞的音乐强调轻柔的绝对性，奥利弗·史瓦兹展现他独特的编曲手法，以清爽的配器构架出没有压力、没有负担的乐曲，加之高超的录音技术，使得音乐具有空灵感，融入耳朵的对山林溪水的清新感受可以明显放松紧绷的神经，是难得一见的音乐珍品。奥利弗·史瓦兹说：“我的音乐是兼具视觉、触觉与听觉的，从大自然所得到的创作灵感将一直延续到世界各地听众的心中……它不只是新世纪音乐，更是取自大自然的心灵营养剂。”

2. 代表作品赏析

(1)《春野》：在本专辑里，班得瑞以瑞士春天为主题，走访了瑞士最美的罗春湖畔和玫瑰峰山涛，借由音乐完整呈现他们的家乡——瑞士的自然景观，乐曲轻忽缥缈，铺陈徐缓，让人感觉扑鼻花香迎风而来，好似一个自然写意景象，散发着一股唯美的浪漫，像是穿着白纱的少女在花间里穿梭游移，一切就像透过柔焦看出去的画面。

(2)《仙境》：以不落俗套的编曲、精简的乐器配置，给人身处仙境的感受。专辑中湖面呼啸的风声和排笛声交错出现，用钢琴和长笛来营造缥缈浪漫，再加入大自然意象与流行元素，所营造的空灵意境令人悠然神往。

（三）中国民乐

目前用于饭店背景音乐的中国民乐较少使用传统的演奏方式，而是将中国传统的民族器乐如古筝、扬琴、琵琶、二胡、竹笛、箫、葫芦丝、独弦琴等与时尚的现代音乐元素有机结合，如配以电子背景音乐、穿插流水声等自然音乐，充分展示人与自然的和谐、艺术与自然的贴近，既保留了浓郁的中国民族音乐色彩，又兼具时尚与流行的世界音乐风格，适合在中式饭店、餐厅及茶坊等场所播放。代表作品赏析如下。

1.《茉莉花》

《茉莉花》是在中国广泛流传的民歌小调，有各种各样的变种，但以流行于江南一带的一首传播最广，最具代表性。该曲旋律委婉，波动流畅，感情细腻，通过赞美茉莉花，含蓄地表现了男女间淳朴柔美的感情。

1924年，世界著名歌剧大师、意大利作曲家普契尼在患有癌症的情形完成了歌剧《图兰朵》的初稿，不久即逝世。《图兰朵》以中国元朝为背景，虚构了一个发生在美丽而冷酷的公主图兰朵身上的故事。普契尼把《茉莉花》曲调作为该剧的主要音乐素材之一，将它的原曲改编成女声合唱。1926年，该剧在意大利首演，取得了很大成功。从此，中国民歌《茉莉花》的芳香随着这部歌剧经典的流传而在海外飘得更广。

《茉莉花》原名《鲜花调》，本来有三段歌词，依次歌唱茉莉花、金银花和玫瑰花。1942年，音乐家何仿到扬州附近的仪征六合金牛山地区采风，从当地一位知名的民间艺人那里采集到了这首在当地广为传唱的民歌，将曲调及歌词一一记录了下来。1957年，他将原曲原词作了改编，三段歌词都用同一曲调，由原来歌唱三种花改成集中歌唱茉莉花，并以悠扬婉转的拖腔作结束，遂成为现在大家所熟悉的《茉莉花》。该歌曲当年由前线歌舞团演唱，后由中国唱片社出版，得到进一步的流传。

2.《春江花月夜》

《春江花月夜》本来是一首琵琶独奏曲，名《夕阳箫鼓》，约在1925年首次被改编成民族管弦乐曲，新中国成立后又经多人整理改编，更臻完善，深为国内外听众所珍爱。

乐曲通过委婉质朴的旋律、流畅多变的节奏、巧妙细腻的配器、丝丝入扣的演奏，形象地描绘了月夜春江的迷人景色，尽情地赞颂了江南水乡的风姿美态。全曲就像一幅工笔精细、色彩柔和、清丽淡雅的山水长卷，引人入胜。全曲分十段：第一段“江楼钟鼓”描绘出夕阳映江面、熏风拂涟漪的景色，然后，乐队齐奏出优美如歌的主题，乐句间同音相连，委婉平静，大鼓轻声滚奏，意境深远。第二、三段表现了“月上东山”和“风回曲水”的意境。接着第四段“花影层叠”表现一幅江风习习、花草摇曳、水中倒影层叠恍惚的画面。进入第五段“水深云际”，呈现“江天一色无纤尘，皎皎空中孤月轮”的壮阔景色。第六段“渔舟唱晚”，乐队齐奏，速度加快，犹如白帆点点，遥闻渔歌，由远而近，逐歌四起。第七段“洄澜拍岸”，琵琶用扫轮弹奏，恰似渔舟破水，掀起波涛拍岸。第八段“桡鸣远濑”、第九段“欸乃归舟”，表现的是归舟破水，浪花飞溅，橹声“欸乃”，由远而近的意境。第十段为尾声，归舟远去，万籁皆寂，春江显得更加宁静，全曲在悠扬徐缓的旋律中结束，使人回味无穷。

实践环节

请选购上述音乐光碟，反复聆听，达到耳熟能详的程度。也可以班为单位，挑选有音乐表演才艺的同学组成小乐队，排练上述一些简单的背景音乐，达到熟悉乐曲并加深对背景音乐的理解的目的。

复习思考题

1. 饭店建筑装饰文化主要体现在哪些方面？如何在细节上塑造良好的饭店文化氛围？

2. 选择当地四至五星级宾馆，分组考察酒店色彩和灯光运用的成功之处，并思考酒店是如何通过色彩和灯光增强美学效果并营造良好的服务氛围的。

3. 调研两三家星级饭店，找出其在运用背景音乐营造饭店良好氛围方面的特色，若发现其不足，则说明改进的方法和途径。

第四章　饭店文化鉴赏（中）
——品牌文化与特色饭店

学习任务

特色饭店是饭店文化建设的重要途径，包括主题饭店、绿色饭店和饭店品牌文化建设等内容。特色饭店以及由此形成的品牌文化是饭店巨大的无形资产，也是饭店市场竞争中制胜的法宝。

通过本章学习，你将了解特色饭店文化建设的内涵及成功案例，掌握品牌文化的价值、国际知名饭店的基本情况，为在饭店业就业奠定良好的基础。

第一节　饭店品牌文化

饭店品牌是吸引旅游者重复购买饭店服务产品的决定性因素之一，其基本职能是把本饭店的产品和服务同其他饭店区分开来。但是，伴随着产品同质化程度的日益提高，当代社会的消费形态与形式正逐渐从大众的、务实的消费走向感性的、文化意义的消费。现代饭店品牌已经超越了区别的功能，成为企业形象和文化的象征，消费者从形象和文化中能感受到消费该品牌产品或服务带来的心理上的价值利益。因此，构建个性化的品牌文化不仅是饭店品牌塑造的凝聚剂和催化剂，而且是增强饭店竞争力、提升品牌形象力的核心动力。

一、饭店品牌文化的内涵

对于饭店而言，品牌象征着无形资产，标志着服务的品质，沉淀着饭店的文化。美国著名的营销学专家菲利普·科特勒曾说：品牌最持久的吸引力来自品牌所包含的文化，这是知名品牌之所以深入人心的魅力所在。

（一）饭店品牌文化的界定

饭店品牌文化是饭店品牌在消费者心目中的印象、感觉和附加值，是结晶在品牌中的经营观、价值观、审美因素等观念形态及经营行为的总和。品牌是一种文化现象，品牌中含有丰富的文化内涵，没有不带文化的品牌。文化是饭店品牌的灵魂。饭店品牌成功与发展的过程，实质上也是饭店品牌文化创造与传播的过程。

（二）饭店品牌文化的要素

品牌并非简单地等同于商标、名称、标识，它比商标等具有更深层次的价值与文化内涵。饭店品牌文化是饭店品牌各要素的综合反映，这些要素大体分为三个层面：

一是展现于消费者面前的表层要素，如饭店的外观及其色彩、商标等，这是消费者看得见的文化信息。品牌名称应符合商品的特征，具有象征意义，易使人产生联想，要富有节奏，朗朗上口，便于记忆，言简意赅，形象生动，渗透着商品的文化气息。国际酒店连锁集团在打造品牌的过程中都非常重视自我品牌的设计，不论是采取单一品牌策略的希尔顿酒店集团、香格里拉国际酒店管理集团，还是采用多品牌策略来满足不同细分市场需求的万豪国际集团，均有一整套完整的品牌设计手册，其中一些内容定期都要进行更新。

二是饭店品牌的灵魂要素，主要包括品牌的经营理念、文化价值理念等。这些都是在长期的品牌发展过程中形成的，渗透在品牌的一切活动之中，是品牌文化的灵魂和内核。

三是饭店品牌的情感形象要素，主要包括饭店品牌故事演绎、品牌 VI 形象、商誉、文化传统和个性形象等。饭店的品牌包括企业内在、无形的企业文化和外在、有形的文化创意。饭店的文化创意是指从建筑造型、功能布局、设计装饰、环境烘托、灯光运用等方面都体现出文化主题和气息。饭店文化氛围的营造形式可以多种多样，如设置陈列艺术珍品的艺术廊、画廊、音乐厅、表演展览厅等文化设施，开发不同文化韵味的风味美食厅，设计不同文化主题的客房楼层和娱乐设施。国际上许多知名饭店把投资总额的 15%用于艺术品的购置和布置。有些文化品位高的饭店甚至成为旅游景观或城市象征。

二、国际著名饭店集团品牌介绍

（一）希尔顿酒店集团

希尔顿酒店集团（Hilton Hotels）是全球酒店业的领导企业，它目前在全球 80 多个国家总计有 2 800 多家酒店，配置了 495 000 套房间，并在全世界拥有 15 万名员工。

希尔顿拥有、管理或连锁经营一系列最知名的酒店，其中包括希尔顿（Hilton）、康纳德（Conrad）、双树饭店（Double Tree Hotel）、大使套房

(Embassy Suites)、汉普敦酒店（Hampton Inn)、希尔顿花园酒店（Hilton Garden Inn）等著名酒店。

希尔顿酒店的创建者康诺德·希尔顿提出，“让世界充满了宾至如归的光与热将是我们永恒的责任”，这个经营理念被希尔顿酒店集团的全部品牌所沿袭，它是酒店所传递的友好、宽容、大方这些信息的源泉。

希尔顿酒店集团的标志见图 4—1。

图 4—1 希尔顿酒店集团的标志

（二）雅高集团

总部设在巴黎的雅高集团（Accor）成立于 1967 年，是全球著名的饭店集团。雅高集团在全世界拥有 4 000 多家酒店，从经济型到豪华型应有尽有，根据每一位客人的需要提供周到的服务。雅高精神是一门综合的艺术，它融合了历史的传统与现代的创新，增添了宽容、纪律、想象和热情。

雅高集团现有主要品牌有：索菲特（Sofetel）——规模最小的豪华品牌，四星级以上，目标市场为商务游客，选址在市区、机场和旅游地，200 间客房以下规模，全服务；诺富特（Novotel）——先锋品牌，三至四星级，面向中档市场，全服务，统一标准设计，尤其是客房装修和卫生间设计，选址在市区、机场、主要高速公路和度假地；宜必思（Ibis）——以简朴、服务质量高、经济实惠的特点而享誉世界，多坐落于商务中心级地区及周边地区。另外还有汽车旅馆第 6（Motel 6)、佛缪勒 1 号（Formule 1）等品牌。

雅高集团的标志见图 4—2。

图 4—2 雅高集团的标志

（三）万豪国际集团

万豪国际集团（Marriott International）是一家国际性酒店公司，其主要业务是经营管理直属的酒店和特许联营的酒店。万豪国际集团的第一家快餐馆是

“路边快餐馆”，1957 年万豪在华盛顿市区开张了第一家旅馆——双桥汽车旅馆（Twin Bridge Motor Hotel）。万豪国际集团现拥有酒店 2 656 座、房间 479 882 间，集团以自主经营及特许经营的方式管理万豪（Marriott）、JW 万豪（JW Marriott）、丽思卡尔顿（Ritz-Carlton）、万丽（Renaissance）、万怡（Courtyard）、华美达（Romada）等饭店品牌。

万豪国际集团的标志见图 4—3。

图 4—3　万豪国际集团的标志

（四）凯悦酒店及度假区酒店集团

凯悦酒店及度假区酒店集团包括两个独立的集团公司——凯悦酒店集团和凯悦国际酒店集团，分区域管理全球的 215 家凯悦酒店，凯悦酒店集团分管美国、加拿大市场；凯悦国际酒店集团管理亚太区市场。凯悦的发展是从在洛杉矶国际机场设立饭店开始的。

凯悦集团旗下有 3 个各具特色的品牌——凯悦（Hyatt Regency）、凯悦大饭店（Grand Hyatt）和凯悦公园饭店（Park Hyatt）。凯悦是五星级，凯悦大饭店和凯悦公园饭店是超五星级。凯悦大饭店以提供高水平的个性化服务、舒适的居住环境和保证顾客满意为其宗旨。凯悦公园饭店是较为小型的豪华饭店，专门为那些追求个性化服务以及欧洲典雅风格的散客设计。

凯悦酒店及度假区酒店集团的标志见图 4—4。

图 4—4　凯悦酒店及度假区酒店集团的标志

（五）香格里拉国际酒店管理集团

香格里拉国际酒店管理集团是亚太地区发展迅速的豪华饭店集团，并且被公认为是世界著名的饭店集团之一。“香格里拉”一词源于英国作家詹姆思·希尔顿 1933 年撰写的《消失的地平线》一书，传说那是喜马拉雅山脉中的一个人间天堂，在那块乐土上，到处都充满着和平与欢乐的气氛，人们永葆青春。香格里拉酒店的优秀服务以及优美憩静的环境，正与“香格里拉”这个弥漫着神秘色彩的名字相呼应。香格里拉酒店一贯恪守为客人提供优质服务的承诺，并把其经营哲学浓缩为一句话：“由体贴入微的员工提供的亚洲式接待。”

香格里拉国际饭店管理集团的创始人是郭鹤年。从 1971 年新加坡第一间香

格里拉酒店开张开始，今日的香格里拉国际酒店管理集团已是亚洲区最大的豪华酒店集团，且被视为世界最佳的酒店管理集团之一，在无数公众和业内的投选中均获得一致的美誉。该集团的 47 家酒店遍布在亚洲和中东地区的主要城市以及大部分度假胜地，其中 7 家为商贸饭店，它是香格里拉国际酒店管理集团的另一酒店品牌，成立于 1989 年，旨在以适中的价格为商务旅客提供完备的设施和优质的服务。

香格里拉酒店的标志中，高耸入云的山峰倒映在澄清的湖泊上，提示着人们勿忘“香格里拉（Shangri-La）”优美名称的含意，体现着以亲切、和谐及自然美的精神为顾客服务的宗旨。

香格里拉国际酒店管理集团的标志见图 4—5。

图 4—5　香格里拉国际酒店管理集团的标志

（六）喜达屋饭店及度假村国际集团

喜达屋饭店及度假村国际集团（Starwood Hotels & Resorts Worldwide）原名为喜达屋住宿设施投资公司/喜达屋膳宿公司（Starwood Loding Trust/Starwood Loding Corp.），在 1996 年更名前，它拥有 100 家饭店、26 483间客房，年收入为 3.853 亿美元。1998 年，喜达屋完成了更名、对 ITT 集团和 Westin 饭店的购并三件大事，这对其发展历程产生了重大影响。

喜达屋以其饭店的高档豪华著称。该集团的品牌包括：圣·瑞吉斯（St. Regis）——世界上最高档饭店的标志，代表着绝对私人的高水准服务；至尊精选（The Luxury Collection）——为最上层客人提供独出心裁服务的饭店和度假村的独特组合；全球最好的饭店所具有的特点即华丽的装饰、壮观的摆设、无可挑剔的服务、现代最先进便利的用具设施都可以在这里找到；寰鼎（Westin）——又称威斯汀，在饭店行业中一直位于领先者和创新者行列，分布于重要的商业区，每一家饭店的建筑风格和内部陈设都别具特色；喜来登（Sheraton）——主要分布在世界上最有吸引力的繁华城市和度假村；福朋（Four Points）——是提供全方位服务的中档饭店，客源市场定位为商务客人和消遣旅游者，主要分布于机场、大都市的商务中心、中小城市和度假胜地；W 饭店（W Hotels）——对商务客人的住店经历进行重新定义，针对商务客人的特点对服务设施和服务方式、服务内容进行全新的设计。

喜达屋饭店及度假村国际集团的标志见图 4—6。

图 4—6 喜达屋饭店及度假村国际集团的标志

（七）四季酒店集团

四季集团总部位于加拿大多伦多，该集团专门从事中型豪华都市酒店和度假村的建设和物业管理，目前在全球共拥有 60 家酒店。因为和其他国际酒店集团的多样化品牌模式不同，四季集团实行单一品牌模式，所以对于扩张新酒店十分谨慎。

四季酒店集团的标志见图 4—7。

图 4—7 四季酒店集团的标志

（八）凯宾斯基集团

凯宾斯基集团（Kempinski Hotel）始建于 1897 年的德国柏林，已有 100 多年的历史，是传统的欧式风格饭店的典型代表。凯宾斯基集团旗下的酒店遍及欧洲、中东、非洲、南美、亚洲，大多坐落于风景优美或令人向往的城市，如柏林、汉堡、慕尼黑、日内瓦、布拉格、旧金山、孟买、雅加达、东京等。该集团以五星级“凯宾斯基”单一品牌形式发展。

凯宾斯基集团的标志见图 4—8。

图 4—8 凯宾斯基集团的标志

小案例

索菲特酒店品牌的核心——十大欧陆元素

索菲特是雅高集团的顶级品牌，在世界各主要城市、旅游胜地有160家酒店，向人们展现了其独特的法国生活情调。雅高在欧洲处于业界主导地位，在140个国家有1.5万多名雇员，是全球最大的酒店、旅游及企业服务集团之一。索菲特是依靠什么样的品牌理念在世界任何一个国家都能够取得成功的呢？

上海东锦江索菲特大酒店总经理齐默认为：十大欧陆元素构成了索菲特大酒店品牌的核心。

元素1：图书馆

每家索菲特酒店都配有图书馆，象征了法国重视文学的传统。图书馆总是位于酒店的中心位置，备有多种语言的书籍和报刊，其收集的书籍多反映当地的特点。

元素2：法国精髓与本土文化的融合

作为雅高集团遍及世界各个角落的顶级酒店品牌，索菲特特别注重将品牌特质与本土文化相结合以展现每个酒店的自身特色。在东锦江索菲特大酒店，细心的客人不难发现，各式精美的中式古典书画、艺术品和家具和谐美妙地与索菲特浪漫、优雅的风格融合在一起。

元素3：鲜花

以幽雅、浪漫著称的法兰西岂能少了鲜花，鲜花是索菲特品牌的重要元素之一。在东锦江索菲特大酒店，插花遍布于大堂、酒吧、餐厅、走廊和客房各处。与众不同的是，东锦江索菲特大酒店的插花带有浓郁的欧式风格——强调鲜明的主色块、造型简洁、富有创意的搭配等，并且绝对确保为鲜花，不可掺杂假花，每星期必须至少更新两次。

元素4：制服

全球各大索菲特酒店的员工制服都是由法国著名时装设计师简·查尔斯·德·卡斯特鲁巴捷克（Jean-charles de Castelbajac）设计的，堪称法国时尚与当地元素结合的完美典范。

元素5：洗漱用品

索菲特酒店的洗发水、沐浴露、牙膏等洗漱用品统一采用法国高档品牌“Escential”。

元素6：视觉

无论是单独还是作为一个整体，酒店内的各种不同视觉元素均反映出索菲特“传统＋法国精神＋当地特色”的品牌形象。

元素7：早餐质量

上乘、分量十足、造型美观是索菲特早餐的特点，而且尤其强调法式面包的地道。

元素 8：法国大餐

还有什么比饕餮一顿法国大餐更能直截了当地体味法国文化的精髓呢？认识到这一点的索菲特一向将提供正宗法国菜视作一大特色。

元素 9：会议设施

索菲特是雅高集团的顶级酒店品牌，很大一部分客人都是商务客，因此每一家索菲特酒店都以一流的会议设施而著称。东锦江索菲特大酒店拥有 600 平方米的锦祥礼堂，采用课桌式布局，可容纳 300 人；另有会议室和包厢共 22 个，可举办 8 人～130 人的活动。

元素 10：My Bed（我的床）

My Bed 是索菲特特别研发的一整套床上用品，也是定点生产的版权产品，其原料如鸭绒均经过特殊处理。床垫、枕头等都是在对人体结构进行了专门研究之后的最科学、最具舒适度的设计，有很多客人在尝试后恋恋不舍，甚至向酒店提出购买携带回家。

除此之外，齐默还以为，人性化管理是维护品牌的关键。索菲特在管理上强调个体，尊重员工的兴趣和发展。索菲特的口号之一是：We Bulid Smile。只有在员工开心的前提下，才会有客人的开心、满意；有了客人的开心、满意，才会有源源不断的客源；有了源源不断的客源，酒店才会有更好的发展，最终也才会有员工利益的不断提高。

索菲特品牌标识上画有三只大雁，齐默解释道：一只大的是头雁，两只小的是尾雁，头雁飞累了，尾雁从后面飞上来做头雁，这寓意着每个人都很重要，每个人都可以做头雁。这也是上海东锦江索菲特大酒店品牌文化的内涵。

第二节　主题饭店——饭店文化竞争的强者

主题饭店是以一定的文化为主题建造的饭店，饭店主题不仅体现为饭店的建筑装饰等物质文化，而且融入饭店服务项目和饭店企业文化中，使饭店具有独特的魅力，所以又称“特色饭店”。美国勃鲁斯饭店和硬石饭店，是早期国际知名的主题饭店。我国深圳威尼斯皇冠假日酒店（威尼斯文化主题）、成都鹤翔山庄（道家养生文化主题）和京川宾馆（三国文化主题），是国内著名的主题饭店。

主题饭店同样具有传统饭店的各种基本功能，所不同的是，主题饭店引入了文化的主题，主题文化贯穿于饭店的各个功能区，呈现出产品主题化的特征，能够给客人提供异乎寻常的体验和享受，因此具有较强的市场竞争力。

饭店主题的选择是主题饭店成功的基础。主题可以来源于历史、宗教、建筑、艺术等广阔的领域，但最好是地域文脉的体现，能代表当地特色文化，能得到顾客的文化认同，这样的主题饭店才能吸引更多顾客。主题确定后，饭店再围绕主题对功能区进行改造，即用主题文化包装客房、餐饮、娱乐、休闲活动等，形成主题客房、主题餐饮、主题娱乐、主题活动等，在各个功能层面上都体现主题文化。

未来饭店市场的竞争将是文化的竞争。以主题文化树立品牌，扩大市场，将是饭店业可持续发展的必由之路，主题饭店在这方面有着巨大的优势，将会成为未来饭店发展的重要方向。

小案例

成都京川宾馆：三国文化主题饭店

京川宾馆是以三国蜀汉文化为主题的四星级宾馆，坐落在成都著名的历史文化名胜“浣花溪”畔，与祭祀刘备、诸葛亮等蜀汉君臣的武侯祠相毗邻，占有三国文化的地理优势。

宾馆围绕三国文化主题对硬件和软件进行了全方位的策划包装，形成了鲜明的三国文化特色。譬如，把三国文化的精髓“忠义”作为立馆之本，以“谋事以忠，待人以义，对客以诚，立身以信”作为企业精神，要求管理层和全体员工以此为宗旨，忠于企业，以义待客，可以说是巧妙地将传统文化与现代企业管理制度融合起来。宾馆内外建筑装饰尽量突出三国文化主题，有桃园三结义、汉宫宴乐图、刘备入蜀图、京川宾馆赋、三顾茅庐、千里走单骑、望梅止渴、华容道、群英会等大型浮雕或画作，有蜀汉文物陈列展。宾馆背景音乐采用传统古乐民乐，以营造古典文化的氛围。

宾馆客房也以三国人物故事命名，如“蜀汉帝宫”“诸葛亮府”、“张将军府”等。家具制成古铜色，古典中透出华贵；布草也采用中式格调，并在书桌上摆放《三国演义》相关书籍以及剪纸、皮影灯等工艺品。酒店餐厅分别取名为“蜀宫宴”、“三国宴”、“龙凤呈祥宴”、“关公赐福宴”等，主要提供巴蜀特色及三国风味菜品，不仅一菜一格，还做到了一菜一典故，从配色到制作再到寓意都充分体现了餐饮文化与三国文化的有机结合。

经过主题化包装的京川宾馆环境典雅，客源稳定，房价坚挺，收到了较好的经济和社会效益。

第三节 绿色饭店——创造人与自然完美结合的新境界

一、饭店绿色文化建设与可持续发展理论

饭店绿色文化建设源于可持续发展的理论。1972 年 6 月 5 日联合国在瑞典首都斯德哥尔摩召开第一次人类环境大会，通过了《联合国人类环境会议宣言》，决定把每年 6 月 5 日确定为“世界环境日”，以警示人类树立起环境危机意识，重视环境保护。1992 年 6 月联合国在巴西里约热内卢召开“环境与发展”大会，参会的各国首脑通过了著名的《里约热内卢环境与发展宣言》和《21 世纪议程》等重要文件，提出了“人类要生存、地球要挽救，环境与发展必须协调”的口号，标志着生态保护与可持续发展原则得到国际社会普遍的认同。

所谓可持续发展就是既要考虑当前发展的需要，又要考虑未来发展的需要，不以牺牲后代人的利益为代价来满足当代人利益的需要；要求人口、经济、社会、资源和环境的协调发展，既要达到发展经济的目的，又要保护人类赖以生存的自然资源和环境，使我们的子孙后代能够永续发展和安居乐业。

可持续发展理论对于饭店业来讲，即要求饭店建设尽可能不破坏环境，饭店服务氛围尽可能保持自然生态，饭店经营尽可能减少物质资料的消耗，饭店排放尽可能减少对环境的污染。从 20 世纪 80 年代开始，发达国家的饭店业便开始营造“绿色”氛围，创建“绿色”文化，既达到节约资源、满足人们“绿色”健康需要的目的，同时也体现饭店企业对社会责任的承担，提高社会对饭店企业的认同度。

二、饭店绿色文化建设的主要内容

饭店绿色文化建设是饭店企业文化建设的重要内容，是饭店核心价值观的综合体现。饭店绿色文化建设的主要内容如下所述。

（一）树立绿色意识

在饭店消费中，绿色消费可能给客人带来一定程度的不便，如减少一次性的牙刷、牙膏、拖鞋、浴液、洗发液、梳子（简称“六小件”）的免费供应等，而饭店高耗能设备的改造还会增加饭店建设成本，这些都可能使有些饭店知难

而退。所以，饭店绿色文化建设的关键在决策层，饭店领导必须转变观念，摒弃重经济效益轻环境保护，认为环境建设与饭店发展无关的旧观念，把可持续发展观引入日常经营管理中，重视饭店绿色文化建设，才能真正推进饭店的“绿色革命”。

（二）培养绿色员工

员工是饭店绿色文化建设的践行者，没有具有绿色意识的员工，就没有真正的饭店绿色产品。饭店应加强对员工的绿色教育，让员工真正认识到绿色饭店建设的意义，自觉、主动地贯彻执行绿色饭店措施，投身绿色饭店建设，才可能获得满意的成效。国际知名饭店集团——洲际饭店集团在新员工上岗培训时，明确地把节约5%的水和能源作为员工的行为守则，对于树立员工绿色环保意识作用明显。

（三）推出绿色产品

绿色产品是指符合“绿色标志”的产品。客房和餐饮服务是饭店产品的主体。饭店可推广绿色客房和绿色餐饮，使用绿色环保的建筑装饰材料、绿色天然用品以及清洁能源和绿色食品，使饭店产品达到绿色环保的要求。

（四）培育绿色消费者

随着可持续发展观念的普及，绿色消费已被多数消费者接受，譬如，为了采购无公害的绿色食品，人人愿意支付更高的费用；为了家居装修的安全，人们大多选择环保标准较高的绿色产品。但饭店也要充分估计推行绿色产品给住店客人带来的不便，主动向客人宣传绿色饭店建设理念，培育绿色消费者，使饭店绿色文化建设拥有广阔的市场基础。

（五）提供绿色服务

绿色服务的出发点是节约资源，减少污染和浪费。提供绿色服务主要应遵循下述原则。

1. 减量化原则

通过产品小型化、包装简朴化等措施，减少非核心产品的投入，达到降低成本和减少不必要资源浪费的目的。如客房部减少一次性用品的使用量，餐点部尽量不使用华而不实的外包装等，都可以节省大量的资源。此外，餐厅服务时，不能仅考虑经济利益，鼓励客人多点菜、点大菜，而应提醒客人适可而止，不造成浪费，同时提供打包和代客保管剩余酒水等服务。

2. 再循环原则

即尽可能利用再生资源，变废为宝，积少成多。如办公室打印纸尽可能双面使用；饭店设施损坏的，能修复就不报废；客房部注意搜集一次性香皂头，回收后可供后勤员工使用；拟报废的浴巾、毛巾，经修剪后还可用作非对客服务领域的擦拭用品；等等。

3. 替代原则

多使用无污染用品或再生物品，以减少污染。如餐厅多使用玻璃或陶瓷用品，减少塑料用品；市场部给客户传输文件时，能网络传输就不发纸文档或传真。饭店还可以通过购置节能设备，达到节能降耗。

加强饭店绿色文化建设能增强饭店企业的环保意识，使饭店建设和饭店产品与自然环境的关系从对立走向和谐统一。人们在享受饭店绿色服务的同时，也自觉或不自觉地履行了环保的义务，有利于人与自然更和谐地共存。

小贴士

“国际旅馆环境倡议”机构

1991 年，“威尔士王子商业领导论坛”创建了由雅高、福特、假日、希尔顿、洲际、喜来登、万豪等 11 家世界知名的饭店集团组成的“国际旅馆环境倡议”机构，该机构是一个委员会，由英国王储查尔斯任主席。1993 年该机构召开了旅馆环境保护国际会议，11 家著名饭店管理集团签署了共同倡议，并出版了《旅馆环境》一书，提出了饭店业可持续发展的理念，对于绿色饭店理论的形成具有重要意义。

复习思考题

1. 请调研当地的主题饭店并回答：什么叫主题饭店？饭店主题是如何影响饭店经营业绩的？

2. 当地有哪些绿色文化建设领先的饭店（绿色饭店）？与该饭店领导人座谈，了解绿色饭店建设的主要途径及面临的问题，探索解决问题的对策。

3. 请识别下列饭店品牌名称并指出它属于哪一个饭店集团。

(7)

(8)

(9)

(10)

(11)

(12)

(13)

(14)

(15)

(16)

4. 对所在城市知名品牌饭店进行调研，着重了解品牌对于饭店经营业绩的影响，然后分析饭店品牌文化建设的意义。

第五章　饭店文化鉴赏（下）——饮食文化

学习任务

俗话说，“民以食为天”。饮食是人类赖以生存的最重要的物质条件之一。人类饮食的发展经历了由低档饮食活动向高档饮食活动，由简单粗糙的饮食产品向复杂、讲究的饮食产品逐步发展、进步的过程，饮食活动中的礼仪、礼节、观念、习俗也应运而生，饮食文化成为饭店文化的重要组成部分。饭店饮食文化具有深厚的内涵，作为饭店服务和管理人员，应该了解掌握饭店的饮食文化并能够向顾客介绍展示饮食文化。

通过本章学习，你将学习饭店饮食文化的主要内涵，熟悉中西饮食文化的特性，为从事饭店餐饮服务与管理工作奠定基本的专业基础。

第一节　饮食文化的内涵

随着人们物质生活和精神生活水平的提高，饮食行为从满足基本生理需求提高到文化层次的享受，这不仅是人类文明的进步，也是餐饮发展的一个标志。在餐饮中品尝文化，感受经营者的审美情趣，已成为一种时尚。

饮食是人类生活的第一需要。但古往今来，无论所饮之酒、茶、咖啡，还是所食之饭、菜，都不仅仅是维持生命的手段，不同国家或地区、不同民族的人们在饮与食时，既追求物质的享受，又强调精神的修养，从而形成了世界各具特色的饮食文化。

饮食文化是人类饮食行为、观念、技术及产品的总和，包含人类饮食活动的各个环节、各种方式和各种方法（如原料的选用和搭配、烹饪方法、进食忌宜、膳食结构、食风食俗等）以及饮食行业、部门在加工、生产、销售、服务过程中所反映、创造和传播的种种特有的文化现象。

饭店饮食文化体现在多方面，既体现在餐厅的装潢设计、用餐氛围、员工

制服上，也体现在餐饮经营的全过程，包括菜肴、饮品的加工生产、销售和服务各环节。

世界各国的饮食文化丰富多彩，其主要内容包括饮食观念文化、烹饪文化、环境文化、服务文化、食俗文化等。

一、观念文化

观念文化，即是围绕饮食活动所产生的一切思想、认识等观念形态的总和。餐厅的服务思想、经营观念从更高层次上展现了饮食文化。餐饮服务思想和理念的文化性，使饭店经营的饮食具有一定的文化附加值，形成饮食产品的文化特征，从而使饭店餐饮具有明显的经营特色。这是饭店融入不同地区的文化基础，也是饭店文化的精髓所在。

二、烹饪文化

饮食本身的色、香、味、形、器等因素具有丰富的文化内涵。烹饪文化包括各类菜肴食品的构成搭配、营养、味型、色泽、质地、原料、烹调方法、数量、风味等方面表现出来的文化。烹饪原料的不同搭配、同样原料的不同制法、调料的变化与组合、菜品装饰的变化、传统菜的翻新、菜肴与盛器的匹配、菜肴名称的设计等，既是菜肴的创新，又丰富了菜肴的文化内涵。从菜品本身来说，它的起源、烹制方法、风味都具有一定的文化背景，尤其是一些传统菜品的历史掌故更具有深厚的文化内涵。

三、环境文化

就餐环境是饮食文化的组成部分之一。餐厅的设计装潢、功能布局、装修装饰风格都体现出一定的文化主题和内涵，都要与其所经营的菜系相协调、匹配，包括餐桌和餐椅的摆设、餐具的摆放、空气的调节、装饰物的点缀、灯光配置、颜色的采用等多个方面。

如中式餐厅，可通过中国宫灯、富有民族装饰风味的灯饰和中式家具、盆景陈设，结合室外中国式庭园景色，让顾客感受到餐厅浓郁的中国风味。在中餐厅中使用富有民族特色的竹器、瓷器可使宾客感受到浓郁的东方情调。此外，还要力求反映不同地区和民族的特色，如广东风味餐厅应具有广东地区的民族文化情趣，突出岭南风格；四川风味餐厅应具有四川地区的民族文化情趣，突出巴蜀风格。

西餐厅的环境布置必须凸显西洋风格，能反映西方民族文化的特点。如法式餐厅应突出法国风格，反映法兰西民族文化特点；美式餐厅应突出美国风格，具有美利坚民族文化情趣。

四、服务文化

服务文化是饮食文化的重要内容。服务文化包括服务理念、服务程序、服务技巧、服务态度、服务礼仪等。服务达到一种极致，就是一种艺术，这种艺术包含有表演的成分，如饭店餐厅提供菜肴的现场烹制，不仅是一个操作过程，也是一个表演过程，它要求服务员具备一定的文化素养、娴熟的服务技能、丰富的烹饪知识以及较高的观察应变能力和忠诚勤奋的工作态度。

饭店的服务理念要“以顾客为中心”，需要关注服务的每个细节。餐饮服务包括订餐服务、引领服务、点菜服务、上菜服务、酒水服务、结账服务、投诉处理服务、备餐服务、公共服务等方面，优质服务就是要在上述服务操作中体现流畅、效率和质量，给顾客最满意的感受。服务人员应主动、热情、周到、细致、耐心、诚恳地为客人服务，理解顾客的消费需求并提供个性化的服务。为此要求服务人员不仅有主动的服务意识、规范的操作程序、友好的服务态度、细致快捷的服务行为，而且还要有丰富的工作经验、灵活的处事方法、敏锐的观察能力以及良好的个人素质，同时要讲求语言艺术，做到态度和蔼、语言亲切、注重仪容仪表。

五、食俗文化

食俗是受到政治、经济、气候、民族、宗教、语言文字等诸多因素影响而形成的一种群体性的餐饮生活习惯，它是一个国家或地区历史文化传承的重要方面，不同的国家、不同的民族有不同的饮食习俗。中国的食俗文化包括年节食俗（如春节、元宵节、清明节、端午节、中秋节、腊八节、除夕等的食俗）、居家日常食俗（地区不同，习惯各异）、人生礼仪食俗（如婚嫁礼、喜庆礼、丧葬礼等的食俗）、餐饮行业食俗（包括接待礼仪、行业术语、店名店招、厅堂设置、经营方式、风味特色等）、乡土食俗（包括餐饮习惯、菜品特色、食礼席规等）以及少数民族食俗。通过食俗文化，可以从另一个侧面了解、认识和研究不同国家、民族的社会发展历史；另一方面，食俗文化对于餐饮部门的市场定位、经营方式、经营范围和经营品种、接待程序、服务质量等都起着决定性作用。

由此可见，饮食文化兼具物质文化与精神文化以及有形文化与无形文化的

双重特性，它既脱离不了具体的物质，又渗透着一个国家、一个地区、一个民族的文化特色。茶、酒、食这些取之于自然的物质，从形式到内容，从物态到精神，都负载着深厚的饮食文化。

第二节　中餐文化

中餐文化源远流长、独具特色，是中华文明的一朵奇葩。孙中山先生在《建国方略》中曾说："中国近代文明进化，事事皆落人之后，惟饮食一道之进步，至今尚为文明各国所不及。"他还进一步将烹调之术列入美术范畴，认为"夫悦目之画，悦耳之音，皆为美术，而悦口之味，何独不然？是烹调者，亦美术之一道也"。

在中国上下五千年的饮食文明史中，有浩如烟海的食经膳谱、奇美多姿的烹具盛器、养生治病的食疗秘方、美馔佳肴的烹饪技艺、名菜名食的掌故趣闻。中国人也善于在极普通的饮食生活中咀嚼人生的美好意义，于是享受"杯中之欢"、"盘中之乐"就成为一种艺术。

一、中餐菜肴文化

菜肴自古讲究色、香、味、形、器的和谐统一。从菜品本身来讲，它的起源、烹制、风味都有一定的历史文化背景。如有的饭店餐厅通过对菜品文化背景的研究，结合史料记载，推出了具有民族特色的盛唐饮食或"仿宋菜"等，在激烈的餐饮竞争中占有一席之地。

（一）中餐菜肴的分类

由于中国疆域辽阔，民族众多，自然气候、地理条件各地有异，使得中国菜肴风味多样。明清时期中国菜肴便基本形成了众多较为稳定的风味流派，其中最具特色的有地方风味、宫廷风味、官府风味、清真风味和寺观风味。就地方风味而言，从宏观上可分为川、粤、鲁、苏四大菜系，在这四大菜系基础上又分出许多子菜系，各个子菜系之间相互交融，形成了明显的地方性特点。仅从四大地方菜系的品种数量来看，有据可考的鲁菜就有 2 500 多种，粤菜有 2 000多种，苏菜 3 000 多种，川菜更有 4 000 多种，正是这些丰富的风味菜肴为我国赢得了"食在中国"的美誉。

小贴士

中国各大菜系都有不同风味、不同风格的菜品，尤以宫廷菜、官府菜最讲究用料的精致和刀工、做工的精细，注重色、香、味等感官的愉悦。

宫廷菜是我国历代封建帝王、皇后、皇妃等享用的菜肴。现代人们品尝到的宫廷菜主要是清代御膳房里传下来的一些菜肴，因而又称“仿膳菜”。

官府菜是指我国古代地方官员享用的菜肴，诸如孔府菜、清末官僚谭宗浚父子创的谭家菜以及“梁（启超）家菜”、“宫保（丁宝桢）菜”、“李公（鸿章）菜”、“帅府（张作霖）菜”，还有根据清代《随园食单》总结研制的随园菜以及丁章华等根据曹雪芹《红楼梦》中的记述而研制开发的红楼宴等。

（二）中餐烹饪文化

中餐烹饪文化博大精深，经历数千年的传承发展，革故鼎新，以食料广博、烹技精湛、色香味美、盛器讲究而著称于世，是我国饮食文化中的重要内容之一。

1. 食料广博

中国烹饪中可供进食之原料有万种以上，其中常用者亦有三四千种之多。

2. 烹技精湛

中国烹饪的技法大约有三四百种之多，炒、煸、烹、爆、熘、炸、氽、煎、贴、烧、烩、扒、煮、焖、熬、炖、煨、煲、卤、酱、灼、浸、烫、涮、淋、泼、滚、蒸、焗、烤、熏、烙、拌、炝、渍、醉、腌、糟、腊、蜜汁、拔丝、挂霜、糖粘等是主要的烹饪技法。这些烹饪加工方式能充分释放食物的色、香，味，表现出中国菜肴烹饪的科学性和艺术性。

3. 讲究刀工

中国厨师历来讲究刀功、刀法。其功力之深厚、运用之娴熟，亦可堪称世界一绝。他们运用切、片、砍、剁、剞、剔、排、捶、斩、刮、剖、铡、削、剜、雕、刮等技法，不仅能顷刻将原料变成丝、片、丁、块、条、段、粒、卷等形状，而且能“绸布切丝无刀迹，光背斩肉体无痕”，令人叹为观止。

4. 讲究火候

火有文火、武火之分，明火、暗火之别，中火、微火之说。中国烹饪历来讲究火候，能够将各种火候巧妙搭配，达到最佳的烹饪效果。

5. 食雕精美

将食物雕刻为某种特殊形态是我国饮食文化传统中艺术性最强的一种创作。一道雕刻精美的菜肴，往往就是一件精湛的艺术品，用于宴席的桌面装饰，会增加宴席的艺术气氛。如将冬瓜、南瓜、西瓜雕刻成有各种图案的盛器，既可增添菜肴的滋味，又可作为具有艺术性的新颖餐具，使人在精神上获得一种美的享受。

6. 盛器考究

盛器与菜肴的配合，是中餐烹饪艺术的又一表现。古代帝王将相、王公贵族在宴会活动中，不仅注重美味佳肴，还讲究美器，我国在古代甚至有“美食不如美器”之说。人们从来就把使用制作讲究、美观大方、与菜匹配的餐饮具视为一种享受。从最早的陶钵、陶盆、陶碗，到商周时代盛肉用的漆豆、盛放整只牛羊的俎，直至后来出现的瓷碗玉具，都是古代重“器”的见证。

小贴士

美食与美器的搭配也要讲究规律，即要注意“五个和谐”：

一是菜肴与器皿在色彩纹饰上要和谐。一般来说，冷菜、夏令菜应用冷色食器；热菜、冬令菜、喜庆菜应用暖色食器。但是要切忌“靠色”，如绿色菜蔬盛入绿色盘中，既显不出青蔬的鲜嫩，又淹没了食器的纹饰美，如果改盛在白花盘中，便会产生清爽悦目的艺术效果。餐具的色泽应与菜肴色泽相配。餐具色彩有深浅之别，菜肴的色泽也多种多样，两者搭配得当，就能把菜肴衬托得更加逗人喜爱，引人食欲。一般来说，餐具与菜肴的搭配要符合“浅配浅”的标准，也有些菜肴要选用带有适当色泽的餐具，才能衬托出菜肴的特色。深色可以起以深补浅的作用，深色的菜肴宜用色调浅的餐具，以浅衬深，显得活泼而不呆板。此外，在纹饰上，菜的料形与器的图案要相得益彰。如果将炒肉丝放在纹理细密的花盘中，既给人以散乱之感，又显不出肉丝的线条美；反之，将肉丝盛在绿叶盘中，便会使人感到清心悦目。

二是菜肴与器皿在形态上要和谐。中国菜肴品种繁多，形态各异，食器的形制也是千姿百态，二者必须搭配适宜才能相得益彰。如爆炒菜用平底盘，熘汁菜用汤盘，整鱼用椭圆盘，整鸡鸭用深斗池，汤菜用莲花瓣海碗，等等。

三是菜肴与器皿在空间上要和谐。菜肴的数量要和器皿的大小相称，汤汁漫至器缘的肴馔，只能给人以粗糙之感；肴馔量少而器皿大，又会使人感到食缩于器心，干瘪乏色。一般来说，盘底部的凸凹线是食器结合的最佳点，而汤碗则以八成满为宜。另外，物贵者器宜大，不然则有失名贵气派；物贱者器宜小，不然则嫌笨俗。

四是菜肴与器皿图案要和谐。如贵妃鸡盛入有仕女起舞图案的器皿中，糖醋鱼放在有鲤鱼跳龙门图案的器皿中，会使人产生许多联想，情趣顿生，食欲大增。

五是全席食器的搭配要和谐。一席菜品种多样，其形态有整、丰、腴美者，亦有丁、丝、块、条、片、泥及异形者，菜的色泽有红、黄、棕、绿、白、黑等，不能只用一色的青花瓷或一色的白瓷，而要用各种色彩缤纷的器皿，方能显示出中国菜肴丰富多彩的特色。

菜肴与恰如其分的餐具相配，大小相间，高低错落，色彩缤纷，形质协调，美食与美器融合一处，构成一幅蔚为壮观、绚丽多彩的艺术图案，意境之美得以烘托。例如，上海“鲜墙房传菜”几乎每道菜的盛器都不一样，充分展示了其文化品位。

（三）中餐菜肴的定名

中餐味美名更美。中国菜肴命名十分注重意境之美。归纳起来，主要有以下两类命名方法。

1. 写实法

所谓写实法就是用朴实的语言直截了当地给菜肴命名，这是一种如实反映菜肴原料构成、烹制办法和风味特点的命名方法，从菜名可以窥出菜的特色和反映菜的全貌。这类命名或以原料和烹饪方法命名，如火爆双脆、黄焖牛肉、干烧白菜、酥炸鲜蚝、海参炖鸡、豌豆烩生鸡丝等；或以地名加主料命名，如德州扒鸡、北京烧鸭、道口烧鸡等；或以人名加原料命名，如东坡肉、宋嫂鱼羹、宫爆鸡丁等；或以主料加配料命名，如洋葱排骨、番茄里脊、芝麻山药、蚕豆春笋、西芹牛肉、鲜笋肉片等；或以盛器加主料命名，如砂煲鱼头、砂钵狗肉、砂锅豆腐等；或以主料加油脂命名，如蚝油牛肉、鸡油菜心、红油豆腐、辣油鸡丁等；或以主料加药材命名，如人参鸡、陈皮牛肉、枸杞银耳等；或以菜肴形状命名，如灯影牛肉、扇面冷盘等；或以色彩命名，特别是以菜肴用料本身的色泽或菜肴成熟后的颜色命名，如翡翠虾仁等；或以菜肴制成后的形状命名，如蝴蝶海参、琵琶鸭等；或以菜肴的主要口味命名，如鱼香肉丝等；或以调味品命名，如麻辣鸭掌等；或以菜肴的切割形状命名，如肉炒萝卜丝、烩三丁、青椒肉片等。

2. 写意法

采用借代、比喻、象征等手法对菜肴某一方面的特点进行渲染、夸张来给菜肴命名，使菜名富有诗情画意。这类菜名分别表现了不同的风格特征，有的古朴典雅，有的诙谐幽默，有的则含有历史典故。主要有以下几种类型：

（1）意境式。这类名称多由菜肴材料或烹调特色，以及如诗如画的意境而来。如孔府菜中有一道“乌云托月”的汤菜，做法是把紫菜撕成一片一片，置鸽蛋于紫菜之上，兑入鲜美可口的清汤，使紫菜鸽蛋飘浮其上，犹如乌云托月。此外，中国菜中还有“瑶池竹影”、“雨打芭蕉”、“绿野飞仙”、“龙凤双喜会”、“柳浪闻鹰”、“推纱望月”、“花蝶飞舞”、“梅竹报春”、“飞燕迎春”、“百鸟归巢”等名称，这类名称均能使人产生如诗如画的意境联想，给人以艺术美的享受。又如，“全羊席”共108个菜名，但却不见一个“羊”字，个个典雅。如此命名的菜肴往往是为突出菜肴的某一特色，或赋以诗情画意，或抒发怀古情思，或以清丽典雅之美名表现特殊含义，借助隽永的诗词、诗文名句，点缀画意诗情，从而使饮食更加艺术化。

（2）意兆式。不少菜名以追求吉祥如意，表现喜庆气氛为主，如“五代同堂”、“五福临门”、“全家福”、“满园春色”、“人杰地灵”、“瑞雪祥云”、“风调雨顺”、“五谷丰登”、“一帆风顺”等菜名。婚宴菜肴可选择“花好月圆”、“百年好合”、“鸳鸯戏水”、“金玉满堂”、“珠联璧合”等菜名。寿宴可选择“延年益寿”、“青松傲雪”、“寿比南山”等菜名。迎宾宴会的菜单可以选择“孔雀开屏”、“友谊长存”、“风光无限”等菜名。总之，宴会菜名的设计要做到突出主题、强化气氛、寓意深刻、富有诗意。

（3）借典式。这类名称常由历史典故或诗词歌赋而来，可以营造一种古朴典雅的饮食氛围。如“草船借箭”这一菜名，典故出自《三国演义》，该菜以鳜鱼作船，鱼上铺上蛋松，形似草，然后在蛋松上插上削成箭状的冬笋，就成为“草船借箭”，十分形象。又如流传至今的杭州传统名菜“东坡肉”，是与文化名人苏东坡的有关传说联系在一起的。据说苏东坡在杭州任太守时，喜将猪肉加少量的水及各种调料，烹制成肥而不腻的红烧肉，人们便称这道红烧肉为“东坡肉”。后人在品尝这一美味佳肴时，就会联想起许多与苏轼有关的传说和诗词文句。此类命名还有“白云护黄龙”、“桃园三结义”、“八仙过海”、“游龙戏凤”、“青梅竹马”等。

（4）谐趣式。这类命名，或新奇别致，或幽默风趣。如“蚂蚁上树”，并不是以蚂蚁为原料烹制而成的菜肴，而是用粉丝和肉末作原料，粉丝喻作树，肉末喻作蚂蚁，粉丝上粘上肉末即为“蚂蚁上树”。又如“乌龙吐珠”，此名气度不凡，此菜是将海参用水泡发，放入油锅去腥，将鹌鹑蛋煮熟去壳，二者放在一起加入各种调料，煨1小时后，翻锅装盘，故曰“乌龙吐珠”，亦诙谐有趣。此类命名还有“鸳鸯戏水”、“龙虎斗”、“欢天喜地”等。

可以说，中国许多菜肴的名称背后都蕴藏着一首诗、一幅画、一个美丽的传说、一个隽永的故事。菜名配合菜肴的美色美味，给食客送上丰富的物质和精神享受。

二、中餐环境文化

中餐厅是饭店向国内外客人宣传中国传统饮食文化的重要场所。其建筑装饰突出中国民族风格，深受食客欢迎。

（一）餐厅环境布置

优雅和谐、陶情怡性的宴饮环境，是中国人饮食审美的重要指标。饭店饮食环境的营造主要靠餐厅的装饰布置，餐厅装饰布置的水平直接关系到能否为客人营造一种美观、舒适、绿色的用餐环境。餐厅里的装潢、壁画、挂毯、饰物、青松、花草等，直接展示了餐厅的经营主题、审美情趣以及地域文化的特点，它负载了很多的文化信息，而且彼此之间是相互关联、相互协调的。如珠海度假村内的“珠海渔家”餐厅，从画着海边渔村的大幅彩色油画到镶嵌在木框里的黑白海滩照片，从天花板透出的蓝天白云到大厅里放置的渔船、渔网、浮标、船桨、海螺和贝壳，无一不凸显了一种深厚的渔家文化。步入餐厅，客人可以看到在鱼缸长廊里展示的80多种生猛海鲜，光蟹就有七八种，客人可在这里徜徉，随意挑选，现挑、现杀、现烹、现吃，宛若来到渔村，其乐无穷。由于经营主题和文化氛围相互紧扣，浓郁而又朴实的渔家文化被成功地烘托了出来。

餐厅环境布置要突出主题，还要同餐厅的具体名称结合起来，才能形成餐厅的独特风格。如北京长城饭店的“清风阁”餐厅，其环境布置重点突出优雅清爽，色彩以绿色为主。棕树、花草、扇形图案，以及墙面、天花、地面和餐桌椅的色彩，处处给人以美观、舒适、清凉、优雅的感觉，形成“清风阁”独具特色的风格。又如广州花园酒店的“荔湾亭”餐厅，其环境布置的主题为海边渔村风光，突出自然形象。榕树、藤萝、沙滩、渔船、花草点缀其中，餐厅桌椅摆在榕树下、沙滩边和渔船中，形成风格各异的就餐区。客人进入餐厅，仿佛走进渔村，使人心旷神怡，突出了“荔湾亭”清新、优雅、舒适、美观这一特定的主题。

餐厅艺术品的陈列也要体现风格。例如，傣族餐厅挂的照片内容是曼飞龙笋塔、泼水场面、竹楼及井塔；苗族餐厅的墙上挂有芦笙，屏风则是苗族制蜡染绷的屏布；藏族餐厅以转经筒作装饰；四川风味的餐厅中挂有书法家写的苏东坡诗词等，这些都是为了营造一个与饮食和谐一致的文化氛围，让那些远离家乡的游子有宾至如归之感；让那些没到过某地的人有种身临其境的体会；让那些曾经到过某地的人勾起美好回忆。

总之，餐厅的装修要追求文化品位，形成独特风格；要注意虚实结合、远近结合、大小结合和简繁结合；要能在豪华而又常令人有些拘谨的餐厅中烘托

出一种高雅而又随意、轻松的气氛，或者让客人感觉到一种田园式的自然和温馨。

（二）餐厅的灯光

餐厅的灯光可以提升菜肴的品位。现代餐厅的灯光早已超越了单一的照明功能，柔和的灯光照在色香味形俱佳的菜肴上，能使人感到赏心悦目，胃口大开。中国菜讲究色香味形，而“色”是需要灯光来进行二次创作的。在灯光的运用上，不少餐厅独具匠心，如武汉的一些餐厅，将粉红色的日光灯用作轮廓灯，使整个餐厅温馨无比。相反，一盘制作精美的菜肴，若放在昏暗的灯光下，就很难引起客人的食欲。

（三）餐厅背景音乐

背景音乐可以渲染餐厅文化，也有调节气氛的功能，但餐厅选用的背景音乐一定要符合自身的经营主题，要能够促进宾客与餐厅之间的感情交流，使餐厅具有亲切感。合适的背景音乐能使宾客得到一种高层次、高品位的享受。关于背景音乐的内容，详见第三章。

三、中餐饮食礼仪

我国素有“礼仪之邦”之称，饮食礼仪是饮食文化的一个重要部分，体现的是主人对客人的尊重和主客双方的教养。在这方面餐厅要注意以下两点：

(1) 主桌和餐位朝向。宴会主桌及其主人和主宾的餐位应面对大门，摆放位置要显著、突出。台面座次安排的基本要求是主人和副主人相对、主人与主宾相邻、主宾和副主宾相对，其余陪客和宾客按宾主礼仪顺序安排，符合先主宾后随员、先客人后主人的原则即可。

(2) 宾客座位牌摆放。凡是重要宴会、特别宴会、大型宴会，都应按照主办者的要求和所提供的宾客名单，制作宴会客人座位牌。然后配合主办单位设计和安排客人的桌次和座次，摆好座位牌，以充分展现宴会服务礼仪。

第三节 西餐文化

西餐是我国对欧美各国菜肴的总称，以法国、英国、美国、意大利、俄罗斯等国的菜肴为主要代表，其突出特点是讲究餐具和菜肴相匹配，菜点与酒类相协调，其服务方式有法式、美式、俄式等服务方式之分，具有西方国家的文化特色。

一、西餐菜肴文化

（一）西餐的主要菜系

西餐的主要菜系按国家或地区分为法式菜、英式菜、美式菜、意大利菜等。

法国菜选料广泛，品种繁多；讲究烹饪，注重调味；用料新鲜，讲究搭配。法国人爱吃生嫩菜肴，要求原料新鲜。另外，法国菜讲究蔬菜的搭配，一道主菜往往要配两三种蔬菜，甚至更多。

英国菜讲究花色多，量少而精，注重营养搭配，口味清淡、少油、鲜嫩焦香。英国菜调味时很少用酒，调味品主要有盐、胡椒粉、芥末酱、番茄沙司和醋等，比较简单，通常放在餐桌上请客人自取。

美国菜受英国菜的影响，讲究营养搭配，清淡不腻，量少而精，这是英美菜肴的共同之处。咸中带甜，微辣，略微酸甜，爱用水果做菜，是美国菜的独到之处，同时讲究铁扒和色拉类菜肴的制作。

俄式菜口味偏咸、偏辣、偏酸、偏甜，口味重，较油腻。常用的调料有奶渣、奶皮、酸奶油、酸马奶、酸黄瓜、柠檬、白醋、辣椒、黄油、小茴香和香叶等。另外，肉类烧得很透才食用是俄式菜的特色。

意大利菜的特点是原汁原味、香醇味浓，多以海鲜作主料，辅以牛、羊、猪、鱼、鸡、鸭、番茄、黄瓜、萝卜、青椒、大头菜、香葱等烹成。制法常用煎、炒、炸、煮、红烩或红焖，喜加蒜茸和干辣椒，略带辣，火候一般为六七成熟。用米、面做菜是意大利菜的一大特色。面食主要有各式各样的空心粉（Macaroni）和实心粉（Spaghetti）、意大利馄饨（Ravioli）等。意大利面条做工精细，品种繁多，可分为线状、颗粒状、中空状和空心花式状四个大类，是用面粉加鸡蛋、番茄、菠菜或其他辅料经机器加工制成。另外，较为有特色的是意大利馅饼（Pizza）、意大利奶酪和意大利汤，品种多样。

（二）西餐的烹饪

西餐菜肴多选用新鲜、天然的原料，干货原料用得不太多。其烹调方法独具特色，常见的烹调方法有铁扒、烤、煎、焖、炸、煎、炒、烩、煮、炭烧、氽和焗等，以铁扒、烤和焗最具特色。

西餐菜肴烹制多用酒调味，尤其是法国菜，对用什么酒烹制什么菜十分讲究，如清汤用白葡萄酒、火鸡用香槟酒、炸蛙腿用白兰地、点心和水果用甜酒、野味用红葡萄酒。法式菜还常用具有杀菌消毒、助消化、去异味作用的调料，如生洋葱、大蒜头、芥末酱、白醋和柠檬汁等。正是依靠对调料、香料和酒的独特使用，西餐菜肴才口味香醇、独具特色。西餐常用的调料和香料有盐、胡

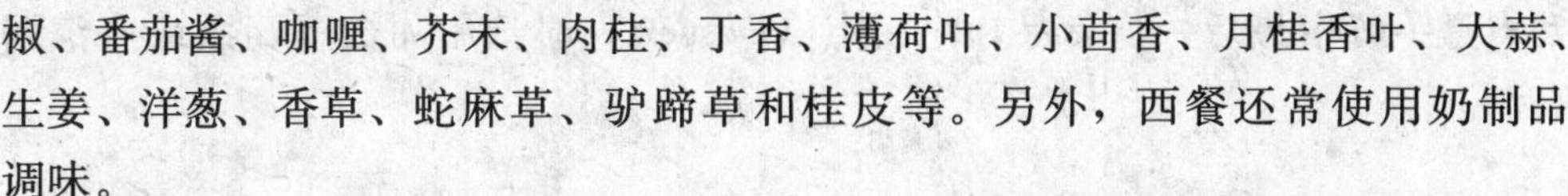

椒、番茄酱、咖喱、芥末、肉桂、丁香、薄荷叶、小茴香、月桂香叶、大蒜、生姜、洋葱、香草、蛇麻草、驴蹄草和桂皮等。另外，西餐还常使用奶制品调味。

欧美人对牛、羊肉的老嫩程度很讲究，服务员在接受点菜时必须问清客人的需求，厨师则要按客人要求烹制。烹制牛、羊肉一般有一成熟（Rare）、三成熟（Medium Rare）、五成熟（Medium）、七成熟（Medium Well）、全熟（Well Done）五种火候。

西餐菜肴的调味沙司与主料分开单独烹制，不同的菜肴配不同的沙司，食用时非常讲究。常配的色拉汁有油醋汁、千岛汁、法汁、意大利汁和罗佛汁。

西餐的装盘立体感强、可食性强，进盘的食品绝大多数都能食用，点缀品就是主菜的配菜，这与中餐菜肴的装饰不同。

总的说来，欧洲人在烹饪方法上以实效为原则。实效原则体现在烹调时保持菜肴的原汁原味和以嫩、鲜、清、淡为标准。烹调时，对火工和时间把握得相当严格，既要保证食品内有效的营养物质不受破坏，又要保持食品原有的清香和纯正。欧洲没有严格的饭、菜之分，一日三餐都食用蔬菜。

（三）西餐中菜肴与餐具的匹配

西餐菜肴用多副刀叉进餐，每吃一道菜即要换一副刀叉，刀叉排列顺序为从外到里。吃西餐讲究菜肴与餐具相匹配，如煎蛋分单面煎和双面煎两类，服务时用餐盘盛装，配以餐刀和餐叉进食；食用燕麦片、麦片粥时配加热牛奶和糖，用甜品勺食用；食用玉米片、爆麦圈、麦片时配加冷牛奶和糖，用甜品勺食用。主菜也一样，如服务法式田螺时使用田螺夹、田螺叉，配食法式干面包；吃龙虾，使用龙虾钳、龙虾叉、小叉、小刀。

随着社会的进步，饮食器具已经从最初的只顾实用发展到如今的实用与美观兼顾，成为饮食文化中重要的一部分。日本、欧美等国的一些饭店已经不再简单地购买、使用市场上大众化的饮食器具，而是请专门的设计公司，从餐厅的经营理念和经营特色着手，设计制作各类富有个性、适合本店特色的餐具，同时在餐台设计与摆布等方面进行创新。

（四）西餐中菜肴与酒类的选用

西餐的正餐菜肴大致由头盆、汤类、副盆、主菜、甜点组成，食用时讲究菜肴与酒类的搭配。如吃头盆（Appetizers）时选用低度干型白葡萄酒；吃汤类（Soups）一般不用酒，需要时可选用较深色的雪利葡萄酒或白葡萄酒；色拉（Salad）有水果色拉、素菜色拉和荤菜色拉之分，是主菜前吃的一道菜，食用蔬菜色拉时选用白葡萄酒；吃主菜（Main course）时，海鲜选用干白葡萄酒、玫瑰露酒，肉、禽、野味选用干红葡萄酒；吃奶酪时一般选用较甜的葡萄酒；

甜点是一餐中最后一道食品，吃甜点（Dessert）时选用甜白葡萄酒或有汽葡萄酒。

二、西餐环境文化

饭店的西式餐厅常见的有服务时间达18小时～24小时的咖啡厅和提供午、晚两餐或只提供晚餐的高级西餐厅（又称“扒房”）。

咖啡厅主题通常反映欧美传统。欧陆式咖啡厅的主题一般比较清新、活泼，常以大自然作为主题，如花园、森林等。通常一日三餐提供种类丰富的自助餐和风格各异的西式美食，室内装饰大多利用自然采光，装饰以西洋油画和装饰画，风格抽象。美式咖啡厅主题体现了不同文化艺术形式之间的相互渗透，带有浓厚的休闲娱乐性质，向客人提供风靡世界的美式扒类、烧烤类菜肴和美酒佳酿，装饰不拘泥于一定的形式，充满生活气息。

高级西餐厅的装饰布置，大多采用法式或意式设计，反映欧洲文化的经典，气氛浪漫而温馨。可供选择的主题有欧美各国特定的历史时代的风情。装潢的主体色调多采用暖色，尤以金色、古铜色配深色、枣红色、咖啡色为主。此外，还将国旗的颜色搭配使用。光线以烛光为主，使空间照明具有层次感和立体感，从而烘托出餐厅整体气氛。常用绘画、雕塑作品和展示台表现主题和渲染进餐气氛。餐具用品豪华高档、品质精细，让客人在豪华、典雅的环境中，享受美和周到体贴的服务。

三、西餐服务文化

在西餐服务中，无论上菜肴或酒水，都非常尊重客人的选择，如肉类食物需加工到几成熟、蛋类的烹制方法、菜肴与调料的搭配、菜肴配酒的选择等，都应询问客人意见。

在西餐长期的发展过程中，形成了各式各样的服务方式，主要有法式服务、俄式服务、美式服务、英式服务和自助式服务等。

（一）英式服务

英式服务（British Service）因与欧美家庭用餐方式类似，故又称“家庭式服务”（Family Style Service）。菜肴在厨房制作好并装入大餐盘端至餐厅，放在主人面前，如是大块烤肉，则应由服务员按人数切割好。先将热餐盘从右侧为每位客人放好，再端起菜盘（上放服务叉、匙）按先女后男、先宾后主的原则依次由客人从菜盆中用服务叉、匙自取食物。蔬菜和调料放在餐桌上由客人传递自取。这种服务方式在私人俱乐部或以接待家庭就餐客人的餐馆中较为常

见，在旅游涉外饭店中较为少见。

（二）法式服务

法式服务（French Service）因需使用客前烹制车（Gueridon）而又被称为“车式服务”（Gueridon Service）。法式服务需要两名服务员同时服务，一名服务员，一名助手。服务员在接受点菜后将点菜单交给助手送至账台和厨房，然后将一辆小推车（客前烹制车）推至客人餐桌旁，准备好制作菜肴的相应设备和材料。助手从厨房将菜肴（有的已制作好，有的仅是半成品）和热餐盘端至小推车上，由服务员为客人现场完成菜肴的最后制作或切制菜肴，然后放入热餐盘中，由助手依次从客人右侧递给每位客人。这种服务方式因其豪华舒适和较强的炫耀性而闻名，但是对服务员的要求较高，且需要较多员工，服务速度缓慢，故只在四、五星级饭店的高级西餐厅中才提供此种服务。

（三）俄式服务

俄式服务（Russian Service）因需使用大量的银制餐用具而被称为“银式服务”（Silver Service）。因其服务周到而程式又相对简单，所以成为世界各国高级西餐厅的流行服务方式，故俄式服务又被称为“国际式服务”。其具体服务方法为：菜肴在厨房制作、装饰好后装在银制餐盘中，由服务员用大托盘将菜肴和加过温的热餐盘托入餐厅，放在工作台上。服务员先为客人依次送上热餐盘（从客人右侧，遵循先女后男、先客后主的原则按顺时针方向进行），然后左手托起大菜盘，右手持握服务叉、匙，从客人左侧，按逆时针方向依次（先女后男，先客后主）为每位客人分派菜肴。在分派前，一般应将菜肴请客人欣赏，分派的同时报菜名，分派完毕后将剩菜送回厨房。

（四）美式服务

美式服务（American Service）因所有菜肴均在厨房分别装盘而被称为“盘子服务”（Plate Service）。其服务方法为：所有菜肴在厨房烹制后分别装盘并加以装饰，餐盘应事先烤热，主菜应加盖保温，由服务员端至餐厅从客人左边用左手依次端送给每位客人，菜肴上桌后再把保温盖撤走。一桌的客人如点了不同的菜肴，应按进餐程度先后分别端出送上。菜肴从左侧上，酒类饮料则从客人右侧斟倒。美式服务因其简单方便而常为咖啡厅所用。

（五）大陆式服务

大陆式服务（Continental Service）综合了英式、法式、俄式、美式等服务方式的特点，常用于西式宴会服务。在服务过程中，根据菜肴特点选择相应的服务方式，如头盆用美式服务，主菜用俄式服务，甜点用法式服务，等等，但应符合既方便客人就餐，又方便员工操作，也便于餐厅管理的原则。

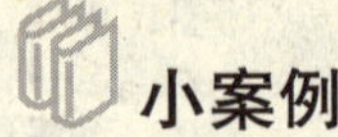

小案例

服务到了极致就是艺术

在澳大利亚悉尼有一家豪华的五星级饭店，其顶楼16层的西餐厅可隔海观赏世界著名的悉尼歌剧院。该餐厅的服务员一律是男士，他们身着黑色的燕尾服，双手佩戴白手套，头发整齐，皮鞋铮亮，一副绅士派头。服务员在整个服务的过程中，行如风，站如松，脸带微笑，动作迅速，态度和蔼。每个服务员都有事先规定分管的服务区域，服务员先介绍菜单和点酒，然后就不停地穿梭于餐厅和厨房取菜处、酒吧之间。全套西菜的就餐时间大约在2小时～2.5小时，服务员需要同时照顾几张餐桌的顾客以及每一位顾客的4至5道菜。一眼望去，服务员拿着托盘行走时就像在舞台上走台步，姿态极美。顾客用餐一般从开胃菜、开胃酒开始，然后是汤，再后一道是主食，上主食前，服务员会根据具体分类而向客人介绍不同的酒水，如果客人点的是肉类，服务员会介绍配饮红葡萄酒；如果顾客点的是海鲜，则会介绍配饮白葡萄酒，胃口好的顾客还会要甜食和餐后酒或者咖啡和茶方结束晚餐。根据该餐厅的服务标准，每道菜必须加盖送上餐桌，然后揭盖示菜；无论有几位顾客同时就餐，上菜必须都在同一时间，揭盖也必须在同一时间。当一桌的一位服务员把菜送上餐桌后，其他服务员会无声地走向该桌，共同摆好姿势，同时揭盖，动作的默契实在令人惊讶，远远望去，揭盖的过程就像花瓣的开放，具有很强的艺术美。

四、西餐进餐礼仪

（一）服装

在高级西餐厅用餐，男士西装革履，打领带或领结；女士着礼服，穿戴整齐。

（二）女士优先

从进餐厅开始，贯穿服务全过程，始终坚持女士优先的原则，如进门、拉椅、递菜单、酒水服务、点菜、上菜等，注重对女士的尊重。

（三）坐姿

就座时，身体要端正，手肘不要放在桌面上，与餐桌的距离以便于使用餐具为佳，一般不靠椅背，以示对来宾或主人的尊重。餐台上已摆好的餐具不要随意摆弄。

（四）刀叉的使用

使用刀叉进餐时，从外侧往内侧取用刀叉，左手持叉，右手持刀。切东西时左手拿叉按住食物，右手执刀将其锯切成小块，然后用叉子送入口中。使用刀时，

刀刃不可向外。席间饮酒水或暂时离席，应将刀叉呈“八”字形搭放在盘边，刀口朝向里侧。如用餐完毕，暗示服务员可以撤盘，将刀叉并排放于盘中。

（五）用餐习惯

喝汤时，右手拿汤勺，喝时用汤匙由内向外舀起送入口内。面包一般要掰成小块送入口中，不要拿着整块面包去咬，抹黄油和果酱时也要先将面包掰成小块再抹。吃鸡时，应先用刀将骨去掉，不要用手拿着吃。吃鱼时不要将鱼翻身，要吃完上层后用刀叉将鱼骨剔掉后再吃下层。吃肉时，要切一块吃一块，块不能切得过大或一次将肉都切成块。吃带刺或骨的鱼、肉时，刺、骨不要直接外吐，可用餐巾捂嘴轻轻吐在叉上放入盘内。盘内剩余少量菜肴时，不要用叉子刮盘底。吃面条时要用叉子先将面条卷起，然后送入口中。吃水果时，应先用水果刀将水果切成 4 瓣或 6 瓣，再用刀去掉皮、核，用叉子叉着吃。喝饮料、饮酒时，头保持平直，一口口啜饮，不能仰头一口气喝光；喝咖啡，先放糖，再放奶，然后用小勺搅拌，搅拌完毕将小勺放在咖啡的垫碟上，喝时应右手拿杯把，左手端垫碟，直接用嘴喝，注意不可用勺舀着喝。不可在进餐时中途退席，如有事确需离开，应向左右客人小声致歉。

第四节　酒水文化

酒水是酒精饮料和非酒精饮料的总称。自古以来，不同国家、不同地区的人们围绕喝什么、在什么地方喝、怎样喝，形成了丰富多彩的酒文化、茶文化和咖啡文化。

一、酒文化

“酒”是一种用粮食、果品等含粮类的物质经发酵制成的含乙醇的有刺激性的饮料。任何适宜饮用的饮料，按体积计算，凡含有 0.5%～75.5%酒精的，便是酒精饮料。因而，酒精含量 5%以下的各类啤酒，酒精含量 40%以上的白兰地、伏特加以及我国某些酒精含量高达 60%以上的白酒，同属于酒精饮料。与酒精饮料相对的是无酒精饮料，俗称“软饮料”，如各种汽水、矿泉水、可口可乐及各式无酒精混合饮料。

酒的分类方式很多，按酒的制造方法的不同有发酵酒、蒸馏酒和配制酒之分；按西餐配餐方式分类，可分为餐前酒、佐餐酒、甜食酒、餐后甜酒和混合饮料等；按酒精含量的不同，有低度酒、中度酒、高度酒之别。中国酒通常采用商业经营的分类方法，将酒分为白酒、黄酒、果酒、药酒和啤酒。

中国饮酒历史源远流长，有“无酒不成席”的说法，酒成为人们倾吐心声、交流感情、增进了解和友谊的媒介。中国名酒有贵州茅台酒、四川宜宾五粮液、山西杏花村汾酒、四川绵竹剑南春、安徽亳州古井贡酒、江苏泗阳洋河大曲、四川泸州老窖特曲、贵州遵义董酒、陕西凤翔西凤酒、四川成都全兴大曲等。

西餐宴会同样重视酒水，不同菜肴要求配饮不同的酒水。外国名酒有法国干邑、苏格兰威士忌、俄国伏特加、牙买加朗姆酒、荷兰金酒、法国香槟等。

小贴士

在西餐中，用酒种类繁多，而且讲究饮什么酒用什么杯。其酒杯的造型千变万化，充满魅力，如香槟酒杯（浅碟形香槟酒杯、空心脚香槟酒杯、郁金香形香槟酒杯）、鸡尾酒杯（大口杯、V形杯）、白兰地酒杯、红葡萄酒杯、白葡萄酒杯、威士忌酒杯、啤酒杯等。

二、茶文化

（一）中国茶文化

中国是茶的故乡，是世界上最早发现、栽培、生产和饮用茶的国家。我国茶的历史可以上溯到传说中的神农时代，唐代茶圣陆羽在《茶经》中写道：“茶之为饮，发乎神农氏，闻于周鲁公。”自神农尝百草发现茶至今，经历了生吃药用、熟吃当菜、烹煮饮用和冲泡饮用四个阶段，已有四五千年的历史。

中国茶品种众多，有绿茶、红茶、黄茶、黑茶、白茶、青茶之分。茶的形状千姿百态，有的纤嫩如雀舌，有的含苞似鸟嘴，有的挺直赛松针，有的卷曲成螺，有的浑圆似珠，一叶茶犹如一件精工制作的艺术珍品。

中国名茶更是琳琅满目，享誉海外，有西湖龙井、洞庭碧螺春、太平猴魁、峨眉竹叶青、黄山毛峰、六安瓜片、信阳毛尖、君山银针、安溪铁观音、凤凰水仙和祁门红茶等。茶名清丽典雅，或标明产地，如黄山毛峰、君山银针，西湖龙井等；或描状外形，如珍眉、瓜片、紫笋、雀舌、松针等；或渲染色香，如敬亭绿雪、泉州豆绿、云南十里香、舒城兰花等；或突出本味，如江华苦茶、安溪桃仁；或借典喻茶，如福建大红袍、洞庭碧螺春等。而更多的名茶则是综合产地和色香味形诸因素来命名，既说明了茶的产地、外形、内质，又富有形象性和艺术性，名茶与佳名相配，相得益彰。

中国人饮茶素有“喝茶”和“品茗”之分。“品茗”不同于“喝茶”。“喝

茶”是满足人们解渴的生理需求，而“品茗”重在一个“品”字，古人有“一杯为品，二杯为解渴，三杯为饮大驴”的说法。而品茗的整个过程，就是色、香、味、形的审美过程。通过品尝茶汤的香气和滋味，观赏茶汤的颜色和茶叶在茶汤里沉浮升降时舒展的形状姿态，慢慢体验茶的独特韵味，追求一种悠然自得、超凡脱俗的意境，以获得一种心旷神怡的精神享受。现在流行的茶艺表演活动，将中国悠久的茶文化演绎得淋漓尽致，并将品饮活动推向高潮。

中国人泡茶择水，按清、活、轻、甘、冽的标准，陆羽认为煎茶水“山水上，江水中，井水下”。水是茶的生命，只有洁净甘冽的泉水才会泡出色泽清、香气雅、滋味鲜的茶汤来。古人说“茶性必发于水”，“品茶须理水”，名茶名水，相得益彰。“扬子江中水，蒙山顶上茶”、“龙井茶，虎跑水”等俗谚，就是对名茶佳水相得益彰的赞叹。

饮茶品茗，讲究好茶配珍贵的茶具。在诸多茶具中，“白如玉、薄如纸、声如磬、明如镜”的“景瓷”早已名扬四海，胎薄质坚、釉色素雅的宜陶紫砂壶被誉为“天下第一品”，它们都是茶具中的精品，不仅具有重要的实用价值（景瓷传热保温适中，最适宜冲泡碧螺春、黄山毛峰、西湖龙井等绿茶，所泡的茶能真实反映茶汤色泽，而宜兴紫砂壶坯质致密坚硬，天然泥色，既不夺香，又不熟汤，泡出的茶汤醇郁馨香，色泽澄冽，隔夜不馊，是最理想的泡茶器皿），而且其本身就是集诗、文、书、画、篆刻于一体的艺术珍品，其造型之优美、色彩之清丽、书画之动人、诗意之深长，堪称中国一绝，用此种茶具饮茶品茗，能平添几分优雅的情趣。

中国人品茗时更强调环境的优雅。饭店如果能营造出清幽空灵的环境和高雅脱俗的氛围，再配上松、竹、梅、兰等自然景观，点缀琴、棋、书、画的艺术情趣，就会为品茗活动增添浓浓的诗意色彩，使人的心境与饭店精心布置的品茗环境和谐统一，在宁静淡泊、旷达超逸中得到精神境界的提升。

讲究茶德是中国茶文化人生价值观中最重要的内容。在整个品茗过程中，始终讲究茶礼和茶德。人们在倒茶、端茶、接茶、饮茶方面都有一套礼仪。如倒茶只能倒半杯，端茶和接茶都要用双手，饮茶要品，不能狂饮。人们通过敬茶、饮茶，沟通思想，交流感情，创造和谐气氛，增进友情，从而达到人与人、人与自然的和谐统一。这种习俗和礼节在人们生活中经过长时期的积淀和阐发，成为中华民族独特的处世观念和行为规范。

（二）日本茶道

日本茶文化深受中国茶文化的影响，又与其传统礼仪相结合，形成了独具特色的日本茶道。

茶道，在日本作为一种通过品茶艺术来待客恳亲的特殊礼仪，是日本文化的重要组成部分之一。爱茶、嗜茶、追求茶的心境，以及有关对茶的理解、认识，讲究饮茶的过程等，使茶道的内容极其丰富，它包括了宗教、艺术、哲学、修身、社交等文化，涵盖日本人民的生活规范和独特的审美价值。

日本茶道除特别注重人与环境、人与自然、人与人之间的交流外，尤其刻意追求繁杂的外在表现形式。茶道的艺术性从美学的角度看，其所值得欣赏的项目包括茶会所在的房间、连接房间的庭院、待茶用的用具以及挂着画卷或插花之类的间隔布置等。具体说来有以下几个方面：

一是复归自然的茶道建筑格式。茶室附属的日式庭院称作露地，其构造质朴、简单、贴近自然本色，给人以清净之感。

二是具有审美价值的茶道器皿饮茶用具。其茶具都采用精美的陶瓷等。这些器具不仅具有实用价值，更重要的是具有很高的艺术审美价值。而对器具的搭配使用又反映出主人的艺术修养。

三是质朴、优雅、静寂的饮茶、点茶环境。茶室的墙壁抹土、涂料多取灰色、茶褐色、暗褐色等中间色彩，结构质朴、色彩沉静，再配以同样具有朴素、沉静色彩的茶叶罐、茶壶和各式茶碗，室中悬挂有古色古香的书法或绘画，桌上摆上一个花瓶，内置一朵小花或花蕾。这样营造出来的优雅空寂的环境使端坐其内饮茶的人们得到一种与大自然融合的享受。

四是看上去近乎繁琐却又精心布置设计的严格的程式化动作和规范化程序。在茶道操作过程中，从主人迎客、客人入室、主人点茶、客人品饮、主客问答，直至客人离去、主人送客，一举一动都体现出一种高雅的艺术表演性质。

（三）英国茶文化

除中国人、日本人以外，英国人对茶也情有独钟。英国的茶文化丰富多彩，具有英格兰民族的文化特色。

中国人发明的茶传到了英国后，成了英国人最爱喝的饮料之一。英国人的生活、文化无不深受茶的影响。19 世纪的一位英国剧作家说：“有茶就有希望。（While there is tea，there is hope.）”茶税取消后，茶很快地流行起来，浸透到英国文化中，甚至成为文学艺术创作的主题。300 多年来，上至历代英王，下至普通百姓，都嗜好饮茶。英国茶叶进口消费量长期以来保持较高水平。

英国的茶文化具有英格兰民族的文化特色。在英国，因茶而产生的传统有许多，像茶娘、喝茶时间、下午茶、茶会等。

茶娘的传统源自 300 多年前东印度公司一位管家的太太，当时该公司每次开会都由她泡茶服侍，她创设的模式成为持续 300 多年的传统。

喝茶时间是英国另一传统，已有 200 多年历史，起初是老板让上早班的工人在上午略事休息，并供应一些茶点，有的老板甚至下午时也提供相同的福利。对许许多多的英国人来说，在上班的日子里，上午和下午那两段短暂的工间休

息是喝茶的最主要时间。喝茶可以消除疲劳、振作精神。有一首英国民谣反映了人们喝茶的志趣，歌词是这样的："到了 11 点半，我最大的愿望，乃是一杯好茶。（At half past eleven，my idea of heaven is a nice cup of tea.）"

英国人喜欢喝茶，他们在三餐之间加了一餐——下午茶（afternoon tea）。下午茶起源于 19 世纪初期，几乎同一时期，三明治也开始问世，这两样东西结合在一起，便成了英国人每天下午茶的主要食物。下午茶是下午四点到五点之间吃的，它是一天里最随便的一顿。现在，下午茶时间成为跟朋友一起吃点心、三明治、奶油烤饼和喝茶闲聊的最好机会。

英国人对于饮茶礼仪也颇为考究。泡茶和供饮之事，在英国被认为是一门艺术。喝茶的程序不能出错，而且，茶会已成为一种社交方式，主持茶会是一种灵巧的艺术。在茶会上，既要能表现机智风趣，又忌讳说教卖弄。在剑桥大学，茶会还是师生及同学之间交往的主要形式。

三、咖啡文化

世界上约有 1/3 的人饮用咖啡，咖啡是茶以外消耗量最大的饮料。

咖啡之于欧洲人犹如茶之于中国人，它既是一种饮料，也是一种文化。咖啡是"力量与热情"的象征，经过几百年历史的沉淀，咖啡融入了各国、各地区的历史和文化，其韵味的魅力是无限的。人们到咖啡厅与朋友交谈、读书，已经成为现代的一种时尚。

具有自由、舒适、随意和实效特征的"咖啡文化"不仅风靡欧美，而且也在亚洲的许多国家鹊然兴起。近年来中国咖啡种植和消费的发展愈来愈为世界所瞩目，咖啡已进入中国人的生活，并成为青年人新的消费时尚。

（一）咖啡的冲泡和杯具

常见的咖啡有冲泡咖啡和速溶咖啡。咖啡的冲泡方法多种多样：传统的煮沸法以土耳其式为代表，用铜制、长把器皿煮咖啡，反复煮三次，每次都在沸腾前离火，并加少量水，再接着煮，直到醇香四溢。新式的冲泡法中滤泡式是最简单的，不少家庭和咖啡馆都用此法，通常以法兰绒或滤纸过滤。此法首次倒开水最为重要，既要慢，又要尽可能接近咖啡粉，使之均匀渗透，然后再倒几次开水，这种方法所浸出的液体浓郁香醇，十分可口。现代虹吸式冲泡法颇具艺术色彩，所用器具包括漏斗、过滤器、烧瓶和酒精灯，制作时可欣赏咖啡液体缓缓流动的液态美，但制作方法比较复杂。蒸汽加压式冲泡法近年很流行，其原理是用蒸汽产生的压力在瞬间萃取咖啡液，此法的特点是可以保留烘焙咖啡豆的全部风味。造型各异的蒸汽加压式咖啡壶都制作得极其精美，有意式、法式、美式等。

不过，对于生活和工作都很紧张和繁忙的现代人来说，上述冲泡法都显得有些“奢侈”，于是速溶式咖啡便应运而生，从瑞士的“雀巢”到美国的“麦斯维尔”，都颇受人们的青睐。冲泡速溶咖啡的水温以90℃为宜。

在咖啡文化中，咖啡杯具不可或缺，迷人的咖啡一定要配以迷人的杯具。冲泡咖啡的器皿以陶瓷器皿最为合适。

小贴士

早期的咖啡杯具是一般的陶瓷杯盘，但到了18世纪，法式咖啡套具独领风骚，精美华贵，风靡欧洲宫廷。19世纪以来，英国、德国不甘人后，异军突起，其所制咖啡套具融入巴洛克和洛可可风格，美轮美奂，精巧绝伦，英国更推出纯银和镏金套具，其精美令人叹为观止。20世纪以来，意大利、希腊、西班牙、哥伦比亚、日本、韩国等在咖啡杯具上各显神通，相继推出各类精美杯具，令咖啡迷们目不暇接。当年戴安娜王妃世纪婚礼时的嫁妆之一，便是哥伦比亚1920年出产的咖啡杯具系列，有红蓝两色，极为精美。

（二）各国的咖啡文化

咖啡作为一种文化已风靡世界，其消费量极为可观。人均咖啡消费高居世界第一的是芬兰，其次是瑞典，再次是丹麦、挪威。此外，德国、美国、瑞士、奥地利、比利时、葡萄牙、意大利、法国、英国、西班牙、韩国、日本、澳大利亚也都是咖啡消费大国。巴西和哥伦比亚是咖啡生产大国，同时也是咖啡消费大国。

在欧美等发达国家和地区，咖啡及其文化具有更深的底蕴。首先要精选著名品牌的咖啡豆，要求成熟度高，新鲜，颜色、大小一致，含水量在12%左右，将之保存在密封罐中，随取随用。接着是咖啡豆的烘焙，可根据口味做轻度、中度或深度烘焙，程度越深，口味越苦。然后将其通过咖啡研磨机切割、磨碎，家用咖啡研磨机分手动、电动两种，小巧精致，造型美观。最后是咖啡的冲泡，之前已提及，这里不再冗述。

咖啡是一个载体，承载了一个国家国民的性格，承载了它们的文化、风韵、情感，承载了一个时代的风貌。

1. 法国咖啡文化

真正开始传播咖啡“力量与热情”文化韵味的是法国。法国人在日常生活中必不可少的是咖啡。除年幼的孩童，大部分法国人清晨起床后的第一顿进餐便是一杯咖啡，工作中也常常是咖啡伴以小憩，每餐以后更不能没有咖啡。有

些法国人甚至在入寝前还饮一杯咖啡助眠。路遇朋友，招待一杯咖啡；疲劳侵身，喝杯咖啡提神；知己聚会，纵论天下，更不能没有咖啡助兴。

法兰西民族中那自由、浪漫的气质与咖啡品质的香甜十分吻合，法国人喝咖啡是一种享乐，悠闲、无拘无束、自成一格。在法国约有17万个咖啡馆，遍布大街小巷，风格各异，尤以巴黎更为典型，露天的、古朴典雅的、金碧辉煌的……这些不拘一格的咖啡馆不仅成为城市街头一道十分独特的风景线，而且从中可以看出法国人品尝咖啡讲究的不仅仅是味道，而且还有环境和情调。如大作家、人文主义学者拉伯雷，启蒙运动的思想家伏尔泰，革命家罗伯斯庇尔，文学巨匠雨果、巴尔扎克等，都与咖啡馆有着千丝万缕的联系。难怪至今法国很多咖啡馆的菜单上都印有名人的诗句，馆内总是飘荡着阵阵手风琴声，气氛幽雅，情调浪漫，正是这些奠定了传统而独特的法国“咖啡文化”。巴黎咖啡馆还与法国大众新闻传播有着不可分割的联系。早在法国大革命期间，人们就聚集在咖啡馆里传播社会新闻。近代的法兰西的文学、艺术、音乐、绘画、哲学以及新闻，无一不与咖啡和咖啡馆有着某种联系。

现在，在国外高星级饭店，流行在餐厅里提供用法式咖啡壶冲泡咖啡的服务，给宾客以全新的体验，吸引了众多客人。这种豪华的法式咖啡壶冲泡咖啡的服务往往会给就餐的客人留下很深刻的印象。美国纽约的华盛顿广场宾馆推行这样的服务收到了良好的效果，每天销售量可以达到120壶以上，宾客认为法式咖啡壶冲泡咖啡的口感远胜过用传统方式或者咖啡机冲泡的效果。

2. 美国咖啡文化

美国的“咖啡文化”最典型的特征是：自由、舒适、随意、实效。以美国当代文化象征之一的星巴克咖啡为例，其定位是“您的邻居”，咖啡屋的气氛活跃而轻松。在星巴克，一杯咖啡的价格在1.5美元至4美元之间，物美价廉，许多美国人说：“星巴克咖啡馆是我们家客厅的延伸，是我们除工作和家庭之外第三个去处。”正因为美国人的“咖啡文化”追求的是亲切、轻松、休闲的大众化，使得创建于1971年的星巴克咖啡得以不依靠传统广告而轻轻松松地向世界进军，所到之处无不掀起一股咖啡热浪。

星巴克已成为全球最大的咖啡连锁店。1999年1月11日，星巴克在北京国贸中心一层开设了中国大陆第一家星巴克咖啡店，为本地顾客提供享誉全球的星巴克咖啡饮料、各种口味的高原咖啡豆、综合咖啡、条式糕点。从此星巴克开始在中国大陆传播咖啡文化。

星巴克的成功并不仅仅在于其咖啡品质的优异，轻松、温馨的气氛感染才是星巴克制胜不二的法宝。在“星巴克”咖啡馆里，强调的不仅是咖啡，更是文化和知识，这种文化的核心，是利用尽量舒适的环境帮助人们拓宽知识和能力，挖掘人在知识上的最大价值。为了保证舒适温馨的环境，星巴克的音乐以优雅爵士乐为主，还备有一些棋牌以及一些有品味的杂志。星巴克室内是全面禁烟的。在上海的星巴克，推出了一项名为“咖啡教室”的服务，如果三四个人一起去喝咖啡，星巴克就会为这几个人配备一名咖啡师傅。顾客对咖啡豆的选择、冲泡、烘焙等有任何问题，咖啡师傅都会耐心细致地向他讲解，使顾客在找到最适合自己口味的咖啡的同时体味到星巴克所传播的咖啡文化。

3. 日本咖啡文化

咖啡文化在亚洲的代表为日本的真锅咖啡，其创始人是日本北海道木材富商的儿子真锅。真锅的经营理念不仅是一次勇敢的自我挑战，而且可以说是日本茶界进行的一次革命。1970 年以前，日本的咖啡厅都是光线暗淡，室外看不见室内的经营，而真锅咖啡馆反其道而行之，透明的落地大玻璃窗，白天阳光明媚，夜晚灯光闪耀，美妙的背景音乐永远飘绕在店堂。真锅咖啡倡导“咖啡道”，即优质的服务、优质的咖啡豆、优质的杯具和丰富的咖啡知识。真锅咖啡要求每位员工上岗前必须研究和读懂《咖啡道》一书，服务时要认真地为顾客讲授如何品尝咖啡，并且要在服务中体现品牌风格。如今，真锅咖啡正紧步美国星巴克咖啡的后尘，以连锁经营的商业模式向亚洲、向世界推销着咖啡的“力量与热情”。

第五节　餐饮经营文化

一、主题餐厅文化

主题餐厅的兴起代表了人们对文化的追求。主题餐厅由于富有深刻的内涵和独特的情趣，能给消费者提供一种特殊而难忘的经历和体验，而深受顾客的青睐。

一般认为，主题餐厅是通过一个或多个历史或其他的主题为吸引标志，向顾客提供饮食所需的基本场所。它的最大特点是赋予一般餐厅以某种主题，围绕既定的主题来营造餐厅的经营气氛：餐厅内所有的产品、服务、色彩、造型以及活动都为主题服务，使主题成为顾客识别餐厅的特征和产生消费行为的刺激物，由此诞生了世界上最著名的旧浦江风情主题餐厅、好莱坞星球餐厅、热带雨林餐厅、硬石餐厅等。

小案例

东南亚诸国大多位于热带地区，深受热带环境的影响。因此，热带雨林餐厅首先在环境上体现了浓郁的热带风情：常绿的热带植物，丰富的奇花异草。因此，以东南亚特色为主题的餐厅在环境上一般都会呈现出热带地理特征：南国风情的鱼尾葵、仙人掌、大榕树、大椰树，绿色大伞下面的沙滩、贝壳、海螺等。在菜点餐食上也融入了热带餐饮风格，如将热带海洋中的卵石烤红桑拿基围虾，形成独特的餐饮特色。

主题餐厅一定是一个特色餐厅，但特色餐厅不一定是主题餐厅。较之于特色餐厅，主题餐厅更强调从菜式到环境的全范围的特色化和鲜明化。

不同的国家、地区，有不同的餐饮文化特色，按主题餐厅所体现出来的地域特色，可分为亚洲风情主题餐厅（日本料理主题、朝鲜烧烤主题、中国主题等）、美洲风情主题餐厅、非洲风情主题餐厅、欧洲风情主题餐厅、澳洲风情主题餐厅；按文化类型的不同，可细分为不同的主题餐厅，如音乐主题餐厅、文学主题餐厅、舞蹈主题餐厅、美术主题餐厅、影视主题餐厅、体育主题餐厅、广告主题餐厅、集邮主题餐厅、戏剧主题餐厅、摄影主题餐厅、雕刻主题餐厅、时装主题餐厅、节日文化主题餐厅、庆贺类主题餐厅。

岁月是一条流动的河，在不同的历史时期，会打上不同时代的烙印，因此也可根据不同时期的社会特征来创设各类不同的主题餐厅，包括怀旧复古主题餐厅、现代时尚主题餐厅、梦幻未来主题餐厅。根据餐厅所处的区位特性，主题餐厅可分为陆地主题餐厅、水上主题餐厅、山中主题餐厅。此外还可按照民族、民俗、宗教等的不同创设主题餐厅。不同的地域气候孕育了不同的地域餐饮，饭店也可以以此为契机，深入开发各个地方的主题餐饮。

小案例

（一）

北京凯莱大酒店的运动城餐厅以奥运五环为主题，涉及篮球、田径、高尔夫、赛车等多个门类的小餐厅、酒吧、游艺室。缤纷的色彩，抬头可见的明星巨照，真人大小的名将雕塑，实物跑车，无不调动客人的情绪。而随着动感十足的音乐，在迪厅、吧台、桌椅、通道、隔板……无处不存在着运动和体育的影子、造型、声响、色彩、灯光……连服务员都是运动装束。其灌篮餐厅拥有1/2国际标准场地，玻璃门上是真人大小的运动员正在运动的肖像，吧台设计成圆形的篮筐，顶上有一双巨大的手捧着一个巨大的篮球往篮筐里扣，旁边还有飞起的黑人运动员，“篮筐”上有电视机，转播各类体育节目。白天，拉下悬在空中的围网，客人随时可以进去一试身手；夜晚，卷帘机升起围网，这里就是蹦迪的最佳地方。其跑道餐厅用300多幅世界体育明星的照片和雕塑做装饰，全场嵌有50多台电视机，全天都播放ESPN体育录像节目。游艺室里有刺激的赛车、滑雪机，也有高雅的室内高尔夫和台球、飞镖，还有小小篮球和桌上足球。另有篮球吧、雪茄酒廊和礼品屋，都极富特色。整个运动城餐厅，除了随意的美餐，就是它运动化的装潢装饰，令人难忘。

（二）

锦江饭店的川菜系列主题餐饮极具特色。锦江饭店的川菜利用典型的环境布置突出其独特的“巴蜀”主题。一入餐厅，一股强烈的四川民俗气息扑面而来，宛若置身于巴山蜀水之间。“巴蜀宴，无醉不归；天府席，入味有神”两块大匾额点出了川菜餐厅的意境。餐厅中的一个个小包厢都经过精心的设计，如“卧龙村餐厅”设计成竹结构，四周配有“出师表”卷轴、七弦琴、鹅毛扇，挂成对联式样的西汉画，琴台上置一香炉，香气缭绕，宛若孔明在世。石头结构的“宝瓶口餐厅”，房顶用七个深蓝色的灯象征北斗七星，四周墙面用石头砌成悬崖峭壁，并漆上白漆，好似白浪滔天。还有木结构的“东坡亭”，草土结构的“杜甫草堂”，砖结构的“山城餐厅”等，各具特色。各包厢都配有相应的菜肴，如“宝瓶口”的灌县肥鸭、“东坡亭”的东坡肘子等，使餐厅的巴蜀特色十分突出。

二、以文化提升餐饮经营的境界

餐饮文化尽管摸不着，但可以从饭店所精心设计的就餐环境和创造的气氛中体验和感受到。餐厅的装饰布置，艺术品的摆放，餐具的选用，台布、餐布、窗帘的质量与色调，席间音乐的播放，服务员的仪表、着装、举止，出品菜肴的新鲜度、造型、口味、冷热度和上菜的速度、顺序、间隔，等等，都关系到客人是否能够获得充分的文化享受。

一个餐厅的氛围往往与餐厅的环境主题有密切的关系。如大型宴会（一般在多功能厅里运作）的用餐环境体现宽敞、豪华，有歌舞表演台作衬托，便于宴会期间载歌载舞；“特色餐厅”以其饮食文化、菜肴流派为特色，更注重食品的内在质量及其用餐方式，如“北京烤鸭”的现场装盆、银丝面的现场操作、“火烧冰淇淋”在灯光陪衬下的现场展示等都是对餐厅用餐氛围的一种专业设计，体现了餐厅“环境促销”的服务营销理念。至于“主题餐厅”，如海洋餐厅、热带雨林餐厅、太空餐厅等，其概念设计则将用餐方式与用餐环境做了更为紧密的有机结合，这也大概是人们常说的在豪华餐厅用餐就是“吃氛围”的原因所在。

在餐饮经营阶段，要注重追求文化内涵，大力突出其特色。其可采用的措施有如下一些。

（一）装饰上形成特色文化走廊

这个文化走廊也即是客人的视线走廊。将客人在饭店餐厅所到之处形成的视线走廊，建设成一个有特色的文化走廊。四星级的珠海度假村酒店把原碧丽宫餐厅的底层改造成“珠海渔家”，从入口处直到餐厅内部，无不按渔家特色来布置，凸显出渔民文化。在这种文化氛围的背后，显示了经营管理者深厚的文化底蕴和创意能力。

（二）经营中凸显文化

酒店餐饮在经营过程中，应结合自身的特点，举办一些独创性的文化经营活动。

1. 有计划地设立文化性的经营项目

一般来说，设立的文化性经营项目都是投资比较少，效益比较好，尤其是品牌效应非常大的文化性经营项目。如上海和平饭店有一个老年爵士酒吧，占地仅200多平方米，装修完全是20世纪30年代欧洲的风格，黑木桌椅，古铜色的吊扇，地面采用很普通的瓷砖。其装修虽不高档，但酒吧的效益非常好，不仅成了和平饭店的品牌，而且成为上海的品牌，凡是到上海访问的外国贵宾都一定要来和平饭店听一场老年爵士乐。设立文化性的经营项目，不能简单模仿，一定要结合自身的优势和特点，创出自己的特色来。

2. 举办各种文化美食活动、节庆活动

（1）创办常变常新的美食节，如四川美食节、江南美食节、湘西美食节、法国菜美食节、日本菜美食节、欢乐圣诞食品节、新春佳节美食周、东坡系列菜肴美食节、随园菜肴食品节、系列火锅食品节、系列烧烤菜食品节。

（2）举办各种活动，包括卡拉OK、爵士乐、轻音乐、钢琴演奏、歌舞表演、书法表演、国画展览，以及娱乐型活动，如猜谜、抽奖、游戏等。

（3）创造有饭店自身特色的节日，如店庆。其目的是让每一个来饭店的客人在品尝美味佳肴的同时，能了解、欣赏到与此相适应的各国、各地区、各民族、各时期的文化，这可以说是展示、提高饭店文化品位的最好机会。

活动的策划除了确定活动主题、选定活动方式外，还要进行餐饮环境的营造，要为客人营造一种温馨、宁静、雅致的用餐环境。美食所带来的餐饮活动和欢愉气氛不仅仅限于进餐本身，经过精心设计和打造的餐饮场所能唤起不同顾客去尽情欢聚和尽情地享受。因此，每一位餐饮经营者都应策划营造良好的餐饮环境，着力打造出宜人的环境和适应消费者就餐的氛围。

3. 可采用“食街”的餐饮经营形式

在这方面，珠海银都酒店下属的银都食街是成功的范例。食街在经营上吸收了“洋西餐”的方便快捷等理念，但在装修上处处体现出我国几千年来的传统文化和普通民众的生活习俗。银都“食街”是参照宋代张择端的《清明上河图》而构思兴建的，凝重的铜雕、古树、水车、红灯笼、青石板地面……以及各种乡村味浓厚的摊点名称，如“七叔面铺”、“东村串烤大王”、“寿星公”等，极具市井气息，让你仿佛置身于中华古国，目之所及，韵味无穷。食街里的一草一木，一砖一石，一顶斗笠，一片竹林，看似随意，实际上都是精心布置的。这种处处突出中国传统的装修，用意是深刻的，与饭店的经营思想完全一致。

（三）销售服务中体现文化

服务是一个过程，也是一种文化。服务需要精神，服务到位了，这种文化性就体现出来了。另一个方面，从服务的角度来说，要着重注意服务的人情味，在服务程序中展现其文化内涵。如最简单的拉面，不光是一个操作过程，也是一个表演过程。又如欧洲人对饮酒、喝咖啡的讲究，从饮用的程序到杯具，从饮用的温度到服务的方法，从嗅觉、味觉到视觉、听觉的享受，都使原本简单的品酒、喝咖啡变得丰富多彩，意味深长。

目前，文化已渗透到餐饮经营管理活动的各个环节，在餐厅的建筑装饰、品牌设计、经营管理等方面，文化起着不可低估的作用。经营者通过精心的文化设计，不仅满足了不同层次客人的文化及审美需求，而且给饭店餐饮注入了新的活力，不断地提升餐饮的文化品位。

知识扩展

一、茶与佛教

中国许多名茶都与佛教寺院有着密切的联系，有些茶甚至是由寺庵僧尼精心创制的，如碧螺春（碧萝春）茶，产自江苏洞庭山碧萝峰，原名“水月茶”，因洞庭山水月院山僧首先制作而得名；乌龙茶的始祖福建武夷山的武夷岩茶，为武夷寺禅僧制作的最佳；著名的顾渚山的贡茶紫笋，最早产自吉祥寺；乾隆最爱饮的君山银针，则产自君山白鹤寺；四川名茶“竹叶青”，外形扁圆，形似竹芽，泡在水中能直立不倒，此茶原为峨眉山高僧所制，后陈毅元帅饮用后为其取名“竹叶青”，从此享誉天下。

茶与中国佛教禅宗结缘，是中国茶文化史上一种独特的文化现象。禅，是中国禅宗的一种思维方法；茶禅，乃是以茶参禅的一种人文境界，一种艺术境界。以茶参禅，提倡“茶禅一味”、“茶禅一体”。茶禅之美，在于“一味”，在于茶与禅所共同追求的古雅淡泊的审美情趣。茶与禅有相通之道，均重在主体

感受，非深品之不可，饮茶需心平气和地品味，讲究井然有序地啜饮，以求环境与心境的宁静、清静、安谧。

二、咖啡饮用简史

咖啡最早产于埃塞俄比亚，但人们将咖啡豆烘烤、研磨、制成饮品热饮或冷饮，是13世纪以后的事。到16世纪，随着咖啡的大量栽种和交易，人们饮用咖啡的方法也日渐完善起来，并在中东穆斯林国家中迅速流行开来。后来又逐渐传至欧洲、美洲，从此作为一种深受人们欢迎的饮品风靡世界。世界上第一杯咖啡是阿拉伯人熬煮出来的，被誉为“阿拉伯酒”。世界上第一家咖啡屋是1520年在中东大马士革诞生的，咖啡伴随着威尼斯商人1615年进入欧洲，1654年威尼斯街头出现了欧洲第一家咖啡馆。

据记载，1884年咖啡在台湾首次种植成功，从而揭开了咖啡在中国发展的序幕。大陆地区种植咖啡则始于云南，20世纪初一个法国传教士将第一批咖啡苗带到云南的宾川县。此后，咖啡种植在中国大陆快速发展起来，饮用咖啡的习俗也逐渐在中国出现。

复习思考题

1. 请结合当地情况，搜集、整理当地有特色的饮食文化项目，思考如何在饭店经营中充分开发这些文化资源。

2. 如果你是饭店茶房的服务生，你应该掌握哪些茶文化的常识？应该如何向客人展示中国茶文化的巨大魅力？

3. 调研数家星级饭店餐饮经营的情况，思考这些饭店餐饮产品的特色及在开发餐饮新产品方面有哪些好的思路。

参考文献

1. 林璧属，郭艺勋编著. 饭店企业文化塑造. 北京：旅游教育出版社，2007
2. 杨永平著. 旅游企业文化研究. 北京：经济科学出版社，2004
3. 王玉成主编. 旅游文化概论 . 北京：中国旅游出版社，2005
4. 谢贵安，华国梁著. 旅游文化学 . 北京：高等教育出版社，1999
5. 张德著. 企业文化建设 . 北京：清华大学出版社，2003
6. 刘光明编著. 企业文化 . 北京：经济管理出版社，2006
7. 陈荣耀著. 比较文化与管理. 上海：上海社会科学院出版社，1999
8. 苏能著. 中国企业文化的系统研究. 上海：复旦大学出版社，1996
9. 余祖德著. 中国筵席美馔组合应用 . 北京：中国商业出版社，1993
10. 蔡万坤著. 餐饮管理 . 北京：高等教育出版社，2005
11. 袁学娅著. 中外酒店管理比较. 沈阳：辽宁科学技术出版社，2002
12. 黄浏英著. 主题餐厅设计与管理. 沈阳：辽宁科学技术出版社，2001
13. 王大悟著. 当代饭店透视与聚焦 . 合肥：黄山书社，2002
14. 郭敏文，樊平主编. 餐饮服务与管理 . 北京：高等教育出版社，2006
15. 张明，王曾亮主编. 饭店装饰布置艺术 . 北京：高等教育出版社，1991
16. 迟铭编著. 饭店装饰与布置艺术 . 北京：高等教育出版社，2000
17. 姚增. 星级宾馆设计之我见. 中外建筑，1997（5）
18. 谢雨萍 . 论饭店良好景观文化的塑造 . 旅游科学，2002（2）
19. 饭店设计理念的延伸 . 饭店现代化，2006（5）
20. 刘小泉，袁金宏. 我国饭店设计存在的问题及对策探讨 . 井冈山学院学报（哲学社会科学版），2006（1）
21. 肖霞. 论日本茶道文化蕴涵. 民俗研究，1996（3）
22. 余世谦. 中国饮食文化的民族传统. 复旦学报，2002（5）
23. 徐万邦. 中国饮食文化中的审美情趣. 内蒙古大学艺术学院学报，2005（3）
24. 巢夫. 餐饮文化刍议之五：餐饮文化的范围及内容（中）. 烹调知识，2004（10）
25. 刘凤玲. 莱肴命名艺术与饮食文化. 广州大学学报，2005（2）
26. 唐黎标. 中国茶文化与佛教. 华夏文化，2003（4）

27. 张建立. 日本茶道浅析. 日本学刊，2004（5）
28. 边冬梅. 谈日本的茶道文化. 南都学坛，2001（4）
29. 迅之. 咖啡传奇与咖啡文化. 海内与海外，2006（7）
30. 王学文. 法国的咖啡文化. 法国研究，1991（1）

图书在版编目（CIP）数据

饭店文化概论/陈乾康主编
北京：中国人民大学出版社，2007
中等职业教育课改项目成果教材
“任务引领型”规划教材·饭店服务与管理系列
ISBN 978-7-300-08710-8

Ⅰ.饭…
Ⅱ.陈…
Ⅲ.饭店-企业文化-专业学校-教材
Ⅳ.F719.2

中国版本图书馆 CIP 数据核字（2007）第 171677 号

中等职业教育课改项目成果教材
“任务引领型”规划教材·饭店服务与管理系列
饭店文化概论
主编　陈乾康

出版发行	中国人民大学出版社		
社　　址	北京中关村大街 31 号	**邮政编码**	100080
电　　话	010－62511242（总编室）		010－62511398（质管部）
	010－82501766（邮购部）		010－62514148（门市部）
	010－62515195（发行公司）		010－62515275（盗版举报）
网　　址	http://www.crup.com.cn		
	http://www.ttrnet.com（人大教研网）		
经　　销	新华书店		
印　　刷	北京鑫丰华彩印有限公司		
规　　格	185 mm×260 mm　16 开本	**版　　次**	2007 年 11 月第 1 版
印　　张	6	**印　　次**	2007 年 11 月第 1 次印刷
字　　数	104 000	**定　　价**	12.00 元